# HISTOIRE
# DE MA VIE.

PARIS, TYPOGRAPHIE DE HENRI PLON,

RUE GARANCIÈRE, 8.

# HISTOIRE
# DE MA VIE

PAR

## GEORGE SAND.

Charité envers les autres;
Dignité envers soi-même;
Sincérité devant Dieu.

Telle est l'épigraphe du livre que j'entreprends.

15 avril 1847.

GEORGE SAND.

---

### TOME DIX-HUITIÈME.

---

PARIS
VICTOR LECOU, ÉDITEUR,
RUE DU BOULOI, 10.
1855

# CINQUIÈME PARTIE.

(SUITE.)

---

## CHAPITRE QUATRIÈME.

(Suite.)

Madame Dorval.

J'aime donc mieux les hommes que les femmes, et je le dis sans malice, bien sérieusement convaincue que les fins de la nature sont logiques et complètes, que la satisfaction des passions n'est qu'un côté restreint et accidentel de cet attrait

1.

d'un sexe pour l'autre, et qu'en
dehors de toute relation physique,
les âmes se cherchent toujours dans
une sorte d'alliance intellectuelle et
morale où chaque sexe apporte ce
qui est le complément de l'autre.
S'il en était autrement, les hommes
fuiraient les femmes, et réciproquement, quand l'âge des passions fi-
nit, tandis qu'au contraire le prin-
cipal élément de la civilisation
humaine est dans leurs rapports
calmes et délicats.

Malgré cette disposition que je
n'ai jamais voulu nier, trouvant
qu'à la nier il y avait hypocrisie
mal entendue et déraison complète;
malgré mon éloignement à écouter

les confidences de femmes, qui sont
rarement vraies, et souvent insipi-
des; malgré ma préférence pour la
corde plus franche et plus pleine
que les hommes font vibrer dans
mon esprit, j'ai connu et je connais
plusieurs femmes qui, vraiment femmes par la sensibilité et la grâce,
m'ont mis le cœur et le cerveau
complétement à l'aise par une candeur véritable et une placidité de
caractère non pas virile, mais,
pour ainsi dire, angélique.

Telle n'était pourtant pas madame Dorval. C'était le résumé de
l'inquiétude féminine arrivée à sa
plus haute puissance. Mais c'en était
aussi l'expression la plus intéressante

et la plus sincère. Ne dissimulant
rien d'elle-même, elle n'arrangeait
et n'affectait rien. Elle avait un
abandon d'une rare éloquence; éloquence parfois sauvage, jamais
triviale, toujours chaste dans sa
crudité et trahissant partout la recherche de l'idéal insaisissable, le
rêve du bonheur pur, le ciel sur
la terre. Cette intelligence supérieure, inouïe de science psycho-
logique et riche d'observations fines
et profondes, passait du sévère au
plaisant avec une mobilité stupé-
fiante. Quand elle racontait sa vie,
c'est-à-dire son déboire de la veille
et sa croyance au lendemain, c'é-
tait au milieu de larmes amères et
de rires entraînants qui dramati-

saient ou éclairaient son visage, sa
pantomime, tout son être, de lueurs
tour à tour terribles et brillantes.
Tout le monde a connu à demi
cette femme impétueuse, car quiconque l'a vue aux prises avec les
fictions de l'art peut, jusqu'à un
certain point, se la représenter telle
qu'elle était dans la réalité : mais
ce n'était là qu'un côté d'elle-même.
On ne lui a jamais fait, on n'aurait, je crois, jamais pu lui faire le
rôle où elle se fût manifestée et
révélée tout entière, avec sa verve
sans fiel, sa tendresse immense, ses
colères enfantines, son audace
splendide, sa poésie sans art, ses
rugissements, ses sanglots, et ses rires naïfs et sympathiques, soulage-

ment momentané qu'elle semblait
vouloir donner à l'émotion de son
auditeur accablé.


Parfois, cependant, c'était une
gaieté désespérée; mais bientôt le
rire vrai s'emparait d'elle et lui
donnait de nouvelles puissances. C'é-
tait la balle élastique qui touchait
la terre pour rebondir sans cesse.
Ceux qui l'écoutaient une heure en
étaient éblouis. Ceux qui l'écoutaient
des jours entiers la quittaient brisés,
mais attachés à cette destinée fatale
par un invincible attrait, celui qui
attire la souffrance vers la souffrance et la tendresse du cœur vers
l'abîme des cœurs navrés.

Lorsque je la connus, elle était dans tout l'éclat de son talent et de sa gloire. Elle jouait *Antony* et *Marion Delorme.*

Avant de prendre la place qui lui était due, elle avait passé par toutes les vicissitudes de la vie nomade. Elle avait fait partie de troupes ambulantes dont le directeur proposait *une partie de dominos sur le théâtre à l'amateur le plus fort de la société, pour égayer l'entr'acte.* Elle avait chanté dans les chœurs de *Joseph,* grimpée sur une échelle et couverte d'un parapluie pour quatre, la coulisse du théâtre (c'était une ancienne église) étant tombée en ruines, et les choristes

étant obligés de se tenir là sur
une brèche masquée de toiles, par
une pluie battante. Le chœur avait
été interrompu par l'exclamation
d'un des coryphées criant à celui
qui était sur l'échelon au-dessus de
lui : « Animal, tu me crèves l'œil
avec ton parapluie! à bas le parapluie! »

A quatorze ans, elle jouait *Fanchette* dans le *Mariage de Figaro*,
et je ne sais plus quel rôle dans
une autre pièce. Elle ne possédait
au monde qu'une robe, une petite
robe blanche qui servait pour les
deux rôles. Seulement, pour donner
à Fanchette une *tournure espagnole*,
elle cousait une bande de calicot

rouge au bas de sa jupe, et la dé-
cousait vite après la pièce, pour
avoir l'air de mettre un autre costume, quand les deux pièces étaient
jouées le même soir. Dans le jour,
vêtue d'un étroit fourreau d'enfant
en tricot de laine, elle lavait et re-
passait sa précieuse robe blanche.

Un jour qu'elle était ainsi vêtue
et ainsi occupée, un vieux riche de
province vint lui offrir son cœur
et ses écus. Elle lui jeta son fer à
repasser au visage, et alla conter
cette insulte à un petit garçon de
quinze ans qu'elle regardait comme
son amoureux et qui voulut tuer le
séducteur.

Mariée jeune, elle chantait l'o-
péra-comique à Nancy, je crois,
lorsque sa petite fille eut la cuisse
cassée dans la coulisse par la chute
d'un décor. Il lui fallut courir de
son enfant à la scène, et de la
scène à son enfant, sans interrompre la représentation.

Mère de trois enfants et chargée
de sa vieille mère infirme, elle tra-
vailla avec un courage infatigable
pour les entourer de soins. Elle
vint à Paris tenter la fortune, et,
pour elle, la fortune, c'était l'ambition d'échapper à la misère. Mais,
ayant en horreur toute autre res-
source que celle du travail, elle vé-
géta plusieurs années dans la fati-

gue et les privations. Ce ne fut
que par le rôle de la *Meunière*,
dans le mélodrame en vogue des
*Deux Forçats*, qu'elle commença à
faire remarquer ses éminentes qualités dramatiques.

Dès lors ses succès furent bril-
lants et rapides. Elle créa la femme
du drame nouveau, l'héroïne ro-
mantique au théâtre, et si elle dut
sa gloire aux maîtres dans cet art,
ils lui durent, eux aussi, la con-
quête d'un public qui voulait en
voir et qui en vit la personnifica-
tion dans trois grands artistes, Fré-
dérick-Lemaître, madame Dorval et
Bocage.

Madame Dorval créa, en outre, un type à part dans le rôle de *Jeanne Vaubernier* (madame du Barri). Il faut l'avoir vue dans ce rôle, où, exquise de grâce et de charme dans la trivialité, elle résolut une difficulté qui semblait insurmontable.

Mais il faut l'avoir vue dans *Marion Delorme*, dans *Angelo*, dans *Chatterton*, dans *Antony*, et plus tard dans le drame de *Marie-Jeanne*, pour savoir quelle passion jalouse, quelle chasteté suave, quelles entrailles de maternité étaient en elle à une égale puissance.

Et pourtant elle avait à lutter

contre des défauts naturels. Sa voix
était éraillée, sa prononciation gras-
seyante, et son premier abord sans
noblesse et même sans grâce. Elle
avait le débit de convention mal-
adroit et gêné, et, trop intelligente
pour beaucoup de rôles qu'elle eut
à jouer, elle disait souvent : « Je
ne sais aucun moyen de dire juste
des choses fausses. Il y a au théâtre
des locutions convenues qui ne pour-
ront jamais sortir de ma bouche
que de travers, parce qu'elles n'en
sont jamais sorties dans la réalité.
Je n'ai jamais dit dans un moment
de surprise : *Que vois-je!* et dans
un mouvement d'hésitation : *Où
m'égaré-je?* Eh bien! j'ai souvent
des tirades entières dont je ne

trouve pas un seul mot possible et
que je voudrais improviser d'un
bout à l'autre, si on me laissait
faire. »

Mais il y avait toute une entrée
en matière dans les premières scènes de ses rôles, où, quelque vrais
et bien écrits qu'ils fussent, ses défauts ressortaient plus que ses qualités. Ceux qui la connaissaient ne
s'en inquiétaient pas, sachant que
le premier éclair qui jaillirait d'elle
amènerait l'embrasement du public.
Ses ennemis (tous les grands artistes en ont beaucoup et de très-
acharnés) se frottaient les mains au
début, et les gens sans prévention
qui la voyaient pour la première

fois s'étonnaient qu'on la leur eût
tant vantée; mais, dès que le mouvement se faisait dans le rôle, la
grâce souple et abandonnée se faisait dans la personne; dès que le
trouble arrivait dans la situation,
l'émotion de l'actrice creusait cette
situation jusqu'à l'épouvante, et
quand la passion, la terreur ou le
désespoir éclataient, les plus froids
étaient entraînés, les plus hostiles
étaient réduits au silence.

J'avais publié seulement *Indiana*,
je crois, quand, poussée vers madame Dorval par une sympathie
profonde, je lui écrivis pour lui
demander de me recevoir. Je n'étais
nullement célèbre, et je ne sais

XVIII.                              2

même pas si elle avait entendu parler de mon livre. Mais ma lettre
la frappa par sa sincérité. Le jour
même où elle l'avait reçue, comme
je parlais de cette lettre à Jules
Sandeau, la porte de ma mansarde
s'ouvre brusquement, et une femme
vient me sauter au cou avec effusion, en criant tout essoufflée :
« *Me voilà, moi!* »

Je ne l'avais jamais vue que sur les
planches; mais sa voix était si bien
dans mes oreilles, que je n'hésitai
pas à la reconnaître. Elle était
mieux que jolie, elle était charmante; et cependant elle était jolie, mais si charmante que cela
était inutile. Ce n'était pas une

figure, c'était une physionomie, une âme. Elle était encore mince, et sa taille était un souple roseau qui semblait toujours balancé par quelque souffle mystérieux, sensible pour lui seul. Jules Sandeau la compara, ce jour-là, à la plume brisée qui ornait son chapeau. « Je suis sûr, disait-il, qu'on chercherait dans l'univers entier une plume aussi légère et aussi molle que celle qu'elle a trouvée. Cette plume unique et merveilleuse a volé vers elle par la loi des affinités, ou elle est tombée sur elle de l'aile de quelque fée en voyage. »

Je demandai à madame Dorval comment ma lettre l'avait convain-

2.

cuc et amenée si vite. Elle me dit
que cette déclaration d'amitié et de
sympathie lui avait rappelé celle
qu'elle avait écrite à mademoiselle
Mars après l'avoir vue jouer pour
la première fois : « J'étais si naïve
et si sincère ! ajouta-t-elle. J'étais
persuadée qu'on ne vaut et qu'on
ne devient quelque chose soi-même
que par l'enthousiasme que le talent
des autres nous inspire. Je me suis
souvenue, en lisant votre lettre,
qu'en écrivant la mienne je m'étais
sentie véritablement artiste pour la
première fois, et que mon enthousiasme était une révélation. Je me
suis dit que vous étiez ou seriez
artiste aussi : et puis, je me suis
rappelée encore que mademoiselle

Mars, au lieu de me comprendre et de m'appeler, avait été froide et hautaine avec moi; je n'ai pas voulu faire comme mademoiselle Mars. »

Elle nous invita à dîner pour le dimanche suivant; car elle jouait tous les soirs de la semaine, et passait le jour du repos au milieu de sa famille. Elle était mariée avec M. Merle, écrivain distingué, qui avait fait des vaudevilles charmants, le *Ci-devant Jeune Homme* entre autres, et qui, presque jusqu'à ses derniers jours, a fait le feuilleton de théâtre de la *Quotidienne* avec esprit, avec goût, et presque toujours avec impartialité. M. Merle avait un fils; les trois filles de ma-

dame Dorval et quelques vieux
amis composaient la réunion intime, où les jeux et les rires des
enfants avaient naturellement le des-
sus.

On ne sait pas assez combien est
touchante la vie des artistes de
théâtre quand ils ont une vraie
famille et qu'ils la prennent au sérieux. Je crois qu'aujourd'hui le
plus grand nombre est dans les
conditions du devoir ou du bonheur domestique, et qu'il serait
bien temps d'en finir absolument
avec les préjugés du passé. Les
hommes ont plus de moralité dans
cette classe que les femmes, et la
cause en est dans les séductions

qui environnent la jeunesse et la
beauté, séductions dont les consé-
quences, agréables seulement pour
l'homme, sont presque toujours funestes pour la femme. Mais quand
même les actrices ne sont pas dans
une position régulière selon les
lois civiles, quand même, je dirai
plus, elles sont livrées à leurs plus
mauvaises passions, elles sont presque toutes des mères d'une tendresse ineffable et d'un courage hé-
roïque. Les enfants de celles-ci sont
même généralement plus heureux
que ceux de certaines femmes du
monde; ces dernières, ne pouvant
et ne voulant pas avouer leurs
fautes, cachent et éloignent les
fruits de leur amour, et quand, à

la faveur du mariage, elles les glissent dans la famille, le moindre doute fait peser la rigueur et l'aversion sur la tête de ces malheureux enfants.

Chez les actrices, faute avouée est réparée. L'opinion de ce monde-là ne flétrit que celles qui abandonnent ou méconnaissent leur progéniture. Que le monde officiel condamne si bon lui semble, les pauvres petits ne se plaindront pas d'être accueillis chez eux par une opinion plus tolérante. Là, vieux et jeunes parents, et même époux légitimes venus après coup, les adoptent sans discussion vaine et les entourent de soins et de caresses.

Bâtards ou non, ils sont tous fils
de famille, et quand leur mère a
du talent, les voilà de suite enno-
blis et traités dans leur petit monde
comme de petits princes.

Nulle part les liens du sang ne
sont plus étroitement serrés que
chez les artistes de théâtre. Quand
la mère est forcée de travailler
aux répétitions cinq heures par
jour, et à la représentation cinq
heures par soirée; quand elle a à
peine le temps de manger et de
s'habiller, les courts moments où
elle peut caresser et adorer ses
enfants sont des moments d'ivresse
passionnée, et les jours de repos
sont de vrais jours de fête. Comme

elle les emporte alors à la campagne avec transport! comme elle
se fait enfant avec eux, et comme,
en dépit des égarements qu'elle peut
avoir subis ailleurs, elle redevient
pure dans ses pensées et un moment sanctifiée par le contact de
ces âmes innocentes!

Aussi, celles qui vivent dans des
habitudes de vertu (et il y en a
plus qu'on ne pense) sont – elles
dignes d'une vénération particulière;
car, en général, elles ont une rude
charge à porter, quelquefois, père,
mère, vieilles tantes, sœurs trop
jeunes, ou mères aussi, sans courage et sans talent. Cet entourage
est nécessaire souvent pour sur-

veiller et soigner les enfants de
l'artiste qu'elle ne peut élever elle-
même d'une manière suivie, et qui
lui sont un éternel sujet d'inquiétude; mais souvent aussi cet entourage use et abuse, ou il se que-
relle, et, au sortir des enivrements
de la fiction, il faut venir mettre
la paix dans cette réalité troublée.

Pourtant l'artiste, loin de répu-
dier sa famille, l'appelle et la res-
serre autour de lui. Il tolère, il
pardonne, il soutient, il nourrit les
uns et élève les autres. Quelque
sage qu'il soit, ses appointements
ne suffisent qu'à la condition d'un
travail terrible, car l'artiste ne peut
vivre avec la parcimonie que le

petit commerçant et l'humble bour-
geois savent mettre dans leur existence. L'artiste a des besoins d'élé-
gance et de salubrité dont le citadin
sordide ne recule pas à priver ses
enfants et lui-même. Il a le sentiment du beau, par conséquent la
soif d'une vraie vie. Il lui faut un
rayon de soleil, un souffle d'air pur,
qui, si mesuré qu'il soit, devient
chaque jour d'un prix plus exor-
bitant dans les villes populeuses.

Et puis, l'artiste sent vivement les
besoins de l'intelligence. Il ne vit,
il ne grandit que par là. Son but
n'est pas d'amasser une petite rente
pour doter ses enfants; il faut que
ses enfants soient élevés en artistes

pour le devenir à leur tour. On
veut pour les siens ce que l'on pos-
sède soi-même, et parfois on le
veut d'autant plus qu'on en a été
privé et qu'on s'est miraculeuse-
ment formé à la vie intellectuelle
par des prodiges de volonté. On
sait ce qu'on a souffert et comme
on a risqué d'échouer; on veut
épargner à ses enfants ces dangers
et ces épreuves. Ils seront donc élevés et instruits comme les enfants
du riche; et cependant on est pauvre : la moyenne des appointements
des artistes un peu distingués de
Paris est de cinq mille francs par
an. Pour arriver à huit ou dix
mille, il faut déjà avoir un talent
très-sérieux, ou, ce qui est plus

rare et plus difficile à atteindre (car
il y a des centaines de talents igno-
rés ou méconnus), il faut avoir un
succès notable.

L'artiste n'arrive donc à résoudre le dur problème qu'à travers
des peines infinies, et toutes ces
questions d'amour-propre excessif
et de jalousie puérile qu'on lui reproche de prendre trop au sérieux
cachent souvent des abîmes d'effroi
ou de douleur, des questions de
vie et de mort.

Ce dernier point était bien réel
chez madame Dorval. Elle gagnait
tout au plus quinze mille francs en
ne se reposant jamais, et vivant de

la manière la plus simple, sachant
faire sa demeure et ses habitudes
élégantes sans luxe, à force de
goût et d'adresse; mais grande, généreuse, payant souvent des dettes
qui n'étaient pas les siennes, ne
sachant pas repousser les parasites
qui n'avaient de droit chez elle que
par la persistance de l'habitude,
elle était sans cesse aux expédients,
et je lui ai vu vendre, pour habiller ses filles ou pour sauver de lâches amis, jusqu'aux petits bijoux
qu'elle aimait comme des souvenirs
et qu'elle baisait comme des reli-
ques.

Récompensée souvent par la plus
noire ingratitude, par des reproches

qui étaient de véritables blasphè-
mes dans certaines bouches, elle se
consolait dans l'espoir du bonheur
de ses filles : mais l'une d'elle brisa
son cœur.

Gabrielle avait seize ans; elle
était d'une idéale beauté. Je ne la
vis pas trois fois sans m'apercevoir
qu'elle était jalouse de sa mère et
qu'elle ne songeait qu'à secouer
son autorité. Madame Dorval ne
voulait pas entendre parler de théâtre pour ses filles. « *Je sais trop ce
que c'est !* » disait-elle; et, dans ce
cri, il y avait toutes les terreurs et
toutes les tendresses de la mère.

Gabrielle ne se gêna pas pour

me dire que sa mère redoutait
sur la scène le voisinage de sa
jeunesse et de sa beauté. Je l'en
repris, et elle me témoigna très-
naïvement sa colère et son aversion
pour quiconque donnait raison contre elle à sa mère. Je fus surprise de
voir tant d'amertume cachée sous
cette figure d'ange, pour laquelle je
m'étais sentie prévenue, et qui, en
me donnant sa confiance, s'était
imaginé apparemment que j'abon-
derais dans son sens.

Peu de temps après, Gabrielle
s'éprit d'un homme de lettres de
quelque talent, F***, qui faisait
de petits articles dans la *Revue des
Deux Mondes*, sous le nom de

lord Feeling. Mais ce talent était
d'une mince portée et d'un emploi
à peu près nul, commercialement
parlant. F*** ne possédait rien, et,
de plus, il était phthisique.

Madame Dorval voulut l'éloigner.
Gabrielle, irritée, l'accusa de vouloir le lui enlever. « Ah ! s'écriait
la pauvre mère blessée et conster-
née, voilà l'exécrable rengaine des
filles jalouses ! On veut les empêcher de courir à leur perte, on a
le cœur brisé d'être forcé de briser
le leur, et pour vous consoler elles
vous accusent d'être infâme, pas
davantage ! »

Madame Dorval jugea nécessaire

de mettre Gabrielle au couvent. Un beau matin, Gabrielle disparut, enlevée par F***.

F*** était un honnête homme, mais une âme sans énergie comme son organisation mortellement frappée, et un esprit sans ressources comme sa fortune. Après le scandale de cet enlèvement, madame Dorval ne pouvant lui refuser la main de Gabrielle, il n'avait d'autre parti à prendre que de venir demander et obtenir un double pardon. La courageuse mère eût donné asile à ce malade qui voulait être époux au bord de sa tombe, à cette fille abusée qui se posait en

3.

victime parce qu'on voulait l'empêcher de l'être.

F*** fit tout le contraire de ce
que lui eussent conseillé la raison et la droiture. Il emmena
Gabrielle en Espagne, comme s'il
eût craint que sa mère ne mît des
gendarmes après elle, et ils essayè-
rent de se marier sans son consentement; mais ils n'y réussirent pas
et furent forcés de le demander
dans des termes blessants. Le mariage consenti et conclu, ils de-
mandèrent de l'argent. Madame
Dorval donna tout ce qu'elle put
donner. On trouva naturellement
qu'elle n'en avait guère, et on lui
en fit un crime. Les jeunes époux,

au lieu de chercher à travailler à
Paris, partirent pour l'Angleterre,
mangeant ainsi d'un coup, en
voyages et en déplacements, le peu
qu'ils possédaient. Avaient-ils l'espoir
de se créer des occupations à Londres? Cet espoir ne se réalisa pas.
Gabrielle n'était pas artiste, bien
qu'elle eût été élevée comme une
héritière eût pu l'être, avec des
maîtres d'art et les conseils de vrais
artistes; mais la beauté ne suffit
pas sans le courage et l'intelligence.

F*** n'était pas beaucoup mieux
doué; c'était un bon jeune homme, d'une figure intéressante, capable de sentiments doux et tendres, mais très à court d'idées et

trop délicat pour ne pas comprendre, s'il eût réfléchi, qu'enlever une jeune fille pauvre, sans avoir les moyens ni la force de lui créer une existence, est une faute dont on a mauvaise grâce à se draper. Il tomba dans le découragement, et la phthisie fit d'effrayants progrès. Ce mal est contagieux entre mari et femme. Gabrielle en fut envahie et y succomba en quelques semaines, en proie à la misère et au désespoir.

Le malheureux F*** revint mourir à Paris. Il reçut l'hospitalité, pendant quelques jours, à Saint-Gratien, chez le marquis de Custines, et là il eut la faiblesse de se

plaindre de madame Dorval avec
âcreté. Se faisant illusion sur lui-
même, comme tous les phthisi-
ques, il prétendait avoir été ro-
buste et bien portant avant ce sé-
jour à Londres, où les privations
de sa femme et l'inquiétude de
l'avenir l'avaient tué. Il se trom-
pait complétement sur lui-même.
Le premier mot que madame Dorval
m'avait dit sur son compte avait
été celui-ci : « Il a un peu de talent, très-peu de courage, et une
santé perdue. » Il suffisait, en effet,
de le voir pour remarquer sa toux
sèche, sa maigreur extrême et le
profond abattement de sa physionomie. La pauvre Gabrielle attribuait ces symptômes effrayants aux

souffrances de la passion, et, inno-
cente qu'elle était, ne se doutait
pas que l'assouvissement de cette
passion serait la mort pour tous
deux.

Quant aux secours que madame
Dorval eût dû leur envoyer, dans
l'état de gêne très-dure et très-
effrayante où elle vivait elle-même,
harcelée (je l'ai vu) par des
créanciers qui saisissaient ses appointements et menaçaient de saisir
ses meubles, ces secours eussent
été un faible palliatif. En outre,
F*** avouait lui-même qu'il avait
eu honte de lui faire savoir à
quelles extrémités il s'était vu ré-
duit, et cette honte se comprend

de reste de la part d'un homme
qui n'a tenu compte des prévisions
maternelles et qui s'est fait fort
d'être un soutien digne de confiance. F*** s'était montré irrité
surtout de n'avoir pas inspiré cette
confiance à madame Dorval.

Malgré ce remords intérieur,
F***, brisé par la perte de sa
femme, aigri par sa propre souffrance, et se débattant aux ap-
proches de l'agonie, s'épanchait
en confidences amères. Que Dieu
lui pardonne, mais elles furent coupables, ces plaintes de sa faiblesse!
Bon nombre de personnes les écou-
tèrent et les accueillirent, coupables
aussi de ne pas savoir les réduire

à néant par l'examen du fait et
par la plus simple réflexion sur ce
fait même.

Les ennemis de madame Dorval
s'emparèrent avec joie du plus
odieux et du plus absurde reproche
qu'on pût inventer contre cette
mère martyre, à toute heure de
sa vie, du déchirement de ses propres entrailles. Elle, une mauvaise
mère, quand son sentiment maternel tenait de la passion et parfois du délire! quand elle est
morte elle-même à la peine! Je
raconte toute sa vie, et on verra
tout à l'heure comme elle savait
aimer.

Un jour qu'on rapportait, bien
à tort selon moi, à madame Dorval les plaintes de sa fille et de
F***, au nombre desquelles celle-ci
que Gabrielle avait été par elle
maltraitée et battue, elle devint
sombre et rêveuse; puis, sans écouter les questions indélicates et
cruelles qu'on lui adressait, elle s'é-
cria : « Ah, oui! mon Dieu, j'aurais
dû la battre! Pardonnez-moi, mon
Dieu, de n'avoir pas eu ce cou-
rage-là! »

Abreuvée de douleurs, la pauvre femme se releva de ce nouveau coup par le travail, l'affection
des siens et de tendres soins pour
sa plus jeune fille, Caroline, une

belle enfant blonde et calme, dont la
santé, longtemps ébranlée, lui avait
causé de mortelles angoisses. Au
lieu de la seconder et d'adopter
l'enfant malade, comme celui qui
avait le besoin et le droit d'être
l'enfant gâté, les deux sœurs aînées
s'étaient amusées à en être jalouses.

Mais Caroline était bonne; elle
chérissait sa mère : elle méritait
d'être heureuse, et elle le fut.
Après que sa sœur Louise fut mariée, elle se maria, à son tour,
avec René Luguet, un jeune acteur
en qui madame Dorval pressentit
un talent vrai, une âme généreuse,
un caractère sûr.

Je vis cependant madame Dorval
triste et abattue pendant les premiers mois de cette nouvelle vie
qui se faisait autour d'elle. Elle était
souvent malade. Un jour je la
trouvai au fond de son appartement de la rue du Bac, courbée et
comme brisée sur un métier à ta-
pisserie. « Je suis cependant heureuse, me dit-elle en pleurant de
grosses larmes. Eh bien, je souffre,
et je ne sais pas pourquoi. Les affections ardentes m'ont usée avant
l'âge. Je me sens vieille, fatiguée,
j'ai besoin de repos, je cherche le
repos, et voilà ce qui m'arrive :
je ne sais pas me reposer. » Puis
elle entra dans le détail de sa vie
intime. « J'ai rompu violemment, me

dit-elle, avec les souffrances violentes. Je veux vivre du bonheur
des autres, faire ce que tu m'as
dit, m'oublier moi-même. J'aurais
voulu aussi me rattacher à mon
art, l'aimer; mais cela m'est impossible. C'est un excitant qui me
ramène au besoin de l'excitation, et,
ainsi excitée à demi, je n'ai plus
que le sentiment de la douleur, les
affreux souvenirs, et, pour toute
diversion au passé, les mille coups
d'épingle de la réalité présente,
trop faibles pour emporter le mal,
assez forts pour y ajouter l'impa-
tience et le malaise. Ah! si j'avais
des rentes, ou si mes enfants n'a-
vaient plus besoin de moi, je me
reposerais tout à fait! »

Et comme je lui observais qu'elle se plaignait justement de ne pas savoir devenir calme : « C'est vrai, me dit-elle, l'ennui me dévore depuis que je n'ai plus à m'inquiéter. Louise est mariée selon son choix; Caroline a un mari charmant, qu'elle adore. M. Merle, toujours gai et satisfait, pourvu que rien ne fasse un pli dans son bienêtre, est, aujourd'hui comme toujours, le calme personnifié; aimable, facile à vivre, charmant dans son égoïsme. Tout ne va pas mal, sauf cet appartement que vous trouvez si joli, mais qui est sombre et qui me fait l'effet d'un tombeau. »

Et elle se remit à pleurer. « Tu

me caches quelque chose? lui dis-je.
— Non, vrai! s'écria-t-elle. Tu sais
bien que j'ai au contraire le défaut
de t'accabler de mes peines, et que
c'est à toi que je demande toujours
du courage. Mais est-ce que tu ne
comprends pas l'ennui? Un ennui
sans cause, car si on la savait, cette
cause, on trouverait le remède.
Quand je me dis que c'est peut-être
l'absence de passions, je sens un
tel effroi à l'idée de recommencer
ma vie, que j'aime encore mille
fois mieux la langueur où je suis
tombée. Mais, dans cette espèce de
sommeil où me voilà, je rêve trop
et je rêve mal. Je voudrais voir le
ciel ou l'enfer, croire au Dieu et
au diable de mon enfance, me sen-

tir victorieuse d'un combat quelconque, et découvrir un paradis,
une récompense. Eh bien, je ne
vois rien qu'un nuage, un doute.
Je m'efforce par moments de me
sentir dévote. J'ai besoin de Dieu;
mais je ne le comprends pas sous
la forme que la religion lui donne.
Il me semble que l'Église est aussi
un théâtre, et qu'il y a là des
hommes qui jouent un rôle. Tiens,
ajouta-t-elle en me montrant une
jolie réduction en marbre blanc de
la *Madeleine* de Canova, je passe
des heures à regarder cette femme
qui pleure, et je me demande pourquoi elle pleure, si c'est du repen-
tir d'avoir vécu ou du regret de
ne plus vivre. Longtemps je ne l'ai

étudiée que comme un modèle de
pose, à présent je l'interroge comme
une idée. Tantôt elle m'impatiente,
et je voudrais la pousser pour la
forcer à se relever; tantôt elle m'é-
pouvante, et j'ai peur d'être brisée
aussi sans retour.

» Je voudrais être toi, reprit-elle
en réponse aux réflexions que les
siennes me suggéraient.

— Moi, je t'aime trop pour te
souhaiter cela, lui dis-je. Je ne
m'ennuie pas, dans le sens que tu
dis, depuis aujourd'hui ni depuis
hier, mais depuis l'heure où je suis
venue au monde.

— Oui, oui, je sais cela, s'écria-

t-elle; mais c'est un fort ennui, ou
un ennui fort, comme tu voudras.
Le mien est plus mou que douloureux, il est écœurant. Tu creuses
la raison de tes tristesses, et quand
tu la tiens, voilà que ton parti est
pris. Tu te tires de tout en disant:
« C'est comme cela et ne peut être
autrement. » Voilà, moi, comme je
voudrais pouvoir dire. Et puis, tu
crois qu'il y a une vérité, une justice, un bonheur quelque part; tu
ne sais pas où, cela ne te fait rien.
Tu crois qu'il n'y a qu'à mourir
pour entrer dans quelque chose
de mieux que la vie. Tout cela, je
le sens d'une manière vague; mais
je le désire plus que je ne l'espère. »

4.

Puis, s'interrompant tout à coup :
« Qu'est-ce que c'est qu'une abstraction ? me dit-elle. Je lis ce mot-là
dans toutes sortes de livres, et plus
on me l'explique, moins je le comprends. »

Je ne lui eus pas répondu deux
mots que je vis qu'elle comprenait
mieux que moi, car elle s'imaginait que j'avais du génie, et c'est
elle qui en avait.

« Eh bien, reprit-elle avec feu,
une idée abstraite n'est rien pour
moi. Je ne peux pas mettre mon
cœur et mes entrailles dans mon
cerveau. Si Dieu a le sens commun, il veut qu'en nous, comme

en dehors de nous, chaque chose soit à sa place et y remplisse sa fonction. Je peux comprendre l'abstraction Dieu et contempler un instant l'idée de la perfection à travers une espèce de voile, mais cela ne dure pas assez pour me charmer. Je sens le besoin d'aimer, et que le diable m'emporte si je peux aimer une abstraction!

» Et puis, quoi? Ce Dieu-là, que vos philosophes et vos prêtres nous montrent les uns comme une idée, les autres sous la forme d'un Christ, qui me répondra qu'il soit ailleurs que dans vos imaginations? Qu'on me le montre, je veux le voir! S'il m'aime un peu, qu'il me le dise et

qu'il me console! Je l'aimerai tant,
moi! Cette Madeleine, elle l'a vu,
elle l'a touché, son beau rêve! Elle
a pleuré à ses pieds, elle les a es-
suyés de ses cheveux! Où peut-on
rencontrer encore une fois le divin
Jésus? Si quelqu'un le sait, qu'il me
le dise, j'y courrai. Le beau mérite
d'adorer un être parfait qui existe
réellement! Croit-on que si je l'a-
vais connu, j'aurais été une péche-
resse? Est-ce que ce sont les sens
qui entraînent? Non, c'est la soif de
toute autre chose; c'est la rage de
trouver l'amour vrai qui appelle et
fuit toujours. Que l'on nous envoie
des saints, et nous serons bien vite
des saintes. Qu'on me donne un
souvenir comme celui que cette

pleureuse emporta au désert, je vi-
vrai au désert comme elle, je pleu-
rerai mon bien–aimé, et je ne
m'ennuierai pas, je t'en réponds! »

Telle était cette âme troublée et
toujours ardente, dont je gâte probablement les effusions en tâchant
de les résumer et de les traduire.
Car qui rendra le feu de sa parole
et l'animation de ses pensées? Ceux
qui ont entendu et compris cette
parole ne l'oublieront jamais!

Cet abattement ne fut que passa-
ger. Bientôt Caroline eut un fils, à
qui sa mère donna le nom de
Georges; et cet enfant devint la
joie, l'amour suprême de Marie. Il

fallait à ce cœur dévoué un être
à qui elle pût se donner tout entière, le jour et la nuit, sans repos et sans restriction. « Mes enfants, disait-elle, prétendent que je
les ai moins aimés à mesure qu'ils
grandissaient. Cela n'est pas vrai;
mais il est bien certain que je les
ai aimés autrement. A mesure qu'ils
avaient moins besoin de moi, j'é-
tais moins inquiète d'eux, et c'est
cette inquiétude qui fait la passion.
Ma fille est heureuse; je troublerais
son bonheur si j'avais l'air d'en
douter. C'est son mari maintenant
qui est sa mère, c'est lui qui la
regarde dormir et qui s'inquiète si
elle dort mal. Moi, j'ai besoin d'oublier mon sommeil, mon repos, ma

vie pour quelqu'un. Il n'y a que
les petits enfants qui soient dignes
d'être choyés et couvés ainsi à toute
heure. Quand on aime, on devient
la mère d'un homme qui se laisse
faire sans vous en savoir gré, ou
qui ne se laisse pas faire, dans la
crainte d'être ridicule. Ces chers in-
nocents que nous berçons et que
nous réchauffons sur notre cœur ne
sont ni fiers ni ingrats, eux! Ils
ont besoin de nous, ils usent de
leur droit qui est de nous rendre
esclaves. Nous sommes à eux comme
ils sont à nous, tout entiers. Nous
souffrons tout d'eux et pour eux,
et comme nous ne leur demandons
rien que de vivre et d'être heureux, nous trouvons qu'ils font bien

assez pour nous quand ils daignent
nous sourire.

» Tiens ! me disait-elle en me
montrant ce bel enfant ; je demandais un saint, un ange, un Dieu
visible pour moi, Dieu me l'a en-
voyé. Voilà l'innocence, voilà la perfection, voilà la beauté de l'âme
dans celle du corps. Voilà celui que
j'aime, que je sers et que je prie.
L'amour divin est dans une de ses
caresses, et je vois le ciel dans ses
yeux bleus. »

Cette tendresse immense qui se
réveillait en elle plus vive que jamais donna un essor nouveau à
son génie. Elle créa le rôle de *Ma-*

*rie-Jeanne,* et y trouva ces cris qui
déchiraient l'âme, ces accents de
douleur et de passion qu'on n'en-
tendra plus au théâtre, parce qu'ils
ne pouvaient partir que de ce cœur-
là et de cette organisation-là, parce
que ces cris et ces accents seraient
sauvages et grotesques venant de
toute autre qu'elle, et qu'il fallait
une individualité comme la sienne
pour les rendre terrifiants et sublimes.

Mais ce fatal rôle et ce profond
amour donnaient le coup de la
mort à madame Dorval. Elle fit
une affreuse maladie à la suite de
ce grand succès et réchappa, comme
par miracle, d'une perforation au

poumon. Elle s'était effrayée de l'idée de mourir. Georges vivait, elle voulait vivre.

Elle joua *Agnès de Méranie* et fit ensuite un essai fort curieux, qui fut de jouer la tragédie classique à l'Odéon. Cela n'était ni dans son air, ni dans sa voix. Pourtant, elle avait dit les vers de Ponsard avec une si grande intelligence, elle avait été si chaste et si sobre dans *Lucrèce*, que le public fut curieux de lui entendre dire les vers de Racine. Elle étudia *Phèdre* avec un soin infini, cherchant consciencieusement une interprétation nouvelle.

Au milieu de ces études, elle me parla d'elle-même avec la modestie naïve ui n'appartient qu'au génie. « Je n'ai pas, disait-elle, la prétention de trouver mieux que n'a fait Rachel; mais je peux trouver autre chose. Le public ne s'attend pas à me la voir imiter, je ne serais que sa parodie; mais il doit s'intéresser à moi dans ce rôle, non pas à cause de l'actrice, mais à cause de Racine. Il ne s'agit pas de retrouver l'intention première du poëte : il n'y a rien de puéril comme les recherches de la vraie tradition. Il s'agit de faire valoir la beauté de la pensée et le charme de la forme, en montrant qu'elles se prêtent à toutes les natures et peuvent

être exprimées par les types les
plus opposés.

Elle fit, en effet, des prodiges
d'intelligence et de passion dans ce
rôle. Pour quiconque n'eût pas vu
Rachel, elle eût marqué dans les
annales du théâtre, par cette création que, du reste, Rachel ne
possédait pas, à cette époque, avec
autant de perfection qu'aujourd'hui.
Elle était trop jeune, et la première
jeunesse ne peut secouer les appa-
rences de la retenue et de la
crainte, autant que la situation de
Phèdre le comporte. Le rôle est
brûlant, madame Dorval y fut brûlante. Rachel y est brûlante maintenant, et Rachel est complète,

parce qu'elle a encore la jeunesse,
la beauté, la grâce idéale qui man-
quaient dès lors à madame Dorval.
Rachel inspire l'amour, elle l'inspirait déjà, bien qu'elle ne fût pas à
l'apogée de son talent. Madame Dorval ne l'inspirait plus, et il y a
plus d'amoureux que d'artistes dans
un public quelconque. Mais tout ce
qu'il y eut d'artistes pour la voir
dans ce rôle l'apprécia profondément et sentit des détails dont personne, pas même les grandes cé-
lébrités de l'empire, n'avaient peut-
être révélé la portée.

En 1848, je vis madame Dorval
très-effrayée et très-consternée de la
révolution qui venait de s'accom-

plir. M. Merle, bien que modéré par
caractère et tolérant dans ses opinions, appartenait au parti légitimiste, et madame Dorval s'imaginait
qu'elle serait persécutée. Elle rêvait
même d'échafauds et de proscrip-
tions, son imagination active ne sachant pas faire les choses à demi.

Il n'y avait qu'un motif fondé à
ses alarmes. Cette perturbation devait frapper et frappait déjà tous
ceux qui vivent d'un travail approprié aux conditions de la forme
politique que l'on remet en question. Les artisans et les artistes,
tous ceux qui vivent au jour le
jour, se trouvent momentanément
paralysés dans de telles crises, et

madame Dorval, ayant à lutter contre l'âge, la fatigue et son propre
effroi, pouvait difficilement résister
au passage de l'avalanche. J'étais
dans une situation non moins pré-
caire : la crise me surprenait en-
dettée par suite du mariage de ma
fille. D'un côté, on me menaçait
d'une saisie sur mon mobilier; de
l'autre, les prix du travail se trouvaient réduits de trois quarts, et
encore le placement fut-il suspendu
pendant quelques mois.

Mais j'étais à peu près insensible
aux dangers de cette situation. Les
privations du moment ne sont rien,
je n'en parle pas. La seule souffrance réelle de ces moments-là,

XVIII.                              5

c'est de ne pouvoir s'acquitter im-
médiatement envers ceux qui récla-
ment leurs créances et de ne pouvoir
assister ceux qui souffrent autour
de soi. Mais quand on est soutenu
par une croyance sociale, par un
espoir impersonnel, les anxiétés personnelles, quelque sérieuses qu'elles
soient, s'en trouvent amoindries.

Madame Dorval, qui eût très-
bien compris et senti les idées générales, mais qui en repoussait vivement l'examen et la préoccupation,
ayant assez à souffrir, disait-elle,
pour son propre compte, ne voyait
que désastres et ne rêvait que catastrophes sanglantes dans la révolution de février. Pauvre femme!

c'était le pressentiment de l'affreuse
douleur qui allait frapper sa famille.

Au mois de juin 1848, après ces
exécrables *journées* qui venaient de
tuer la république en armant ses
enfants les uns contre les autres, et
en creusant entre les deux forces
de la révolution, peuple et bour-
geoisie, un abîme que vingt années
ne suffiront peut-être pas à com-
bler, j'étais à Nohant, très-menacée
par les haines lâches et les imbé-
ciles terreurs de la province. Je ne
m'en souciais pas plus que de tout
ce qui m'avait été personnel dans
les événements. Mon âme était

5.

morte, mon espoir écrasé sous les barricades.

Au milieu de cet abattement, je reçus de Marie Dorval la lettre que voici :

« Ma pauvre bonne et chère
» amie, je n'ai pas osé t'écrire, je
» te croyais trop occupée; et d'ail-
» leurs je ne le pouvais pas; dans
» mon désespoir, je t'aurais écrit
» une lettre trop folle. Mais au-
» jourd'hui je sais que tu es à
» Nohant, loin de notre affreux
» Paris, seule avec ton cœur si
» bon et qui m'a tant aimée ! J'ai
» lu, à travers mes larmes, ta let-
» tre à ***. Je t'y retrouve toujours

» tout entière, comme dans le
» roman du *Champi*. — Pauvre
» Champi! — Alors j'ai eu absolu-
» ment besoin de t'écrire pour ob-
» tenir de toi quelques paroles de
» consolation pour ma pauvre âme
» désolée. — J'ai perdu mon fils,
» mon Georges! — le savais-tu? —
» Mais tu ne sais pas la douleur
» profonde, irréparable que je res-
» sens. — Je ne sais que faire, que
» croire! Je ne comprends pas que
» Dieu nous enlève d'aussi chères
» créatures. Je veux prier Dieu, et
» je ne sens que de la colère et
» de la révolte dans mon cœur. Je
» passe ma vie sur son petit tom-
» beau. Me voit-il? Le crois-tu? Je
» ne sais plus que faire de ma vie,

» je ne connais plus mon devoir. Je
» voudrais et je ne peux plus aimer
» mes autres enfants. — J'ai cherché
» des consolations dans les livres
» de prières. Je n'y ai rien trouvé
» qui me parle de ma situation et
» des enfants que nous perdons. Il
» faudrait remercier Dieu d'un aussi
» affreux malheur? — Non, je ne
» le peux pas! Jésus lui-même n'a-
» t-il pas crié: « Mon Dieu, pour-
» quoi m'avez-vous abandonné? » Si
» cette grande âme a douté, que
» devenir, nous autres pauvres créa-
» tures? Ah! ma chère, que je suis
» malheureuse! c'était tout mon
» bonheur. — Je croyais que c'était
» ma récompense pour avoir été
» bonne fille, et bien dévouée tou-

» jours à toute une famille dont
» la charge était bien chère! —
» mais aussi bien lourde à mes
» pauvres épaules..... j'étais si heu-
» reuse! Je n'enviais rien à per-
» sonne. Je luttais avec courage
» dans une profession *haïssable*, que
» je remplissais de mon mieux, et
» quand la maladie ne m'arrêtait
» pas, dans l'idée de rendre tout
» mon monde plus heureux autour
» de moi. Les révolutions..... l'art
» perdu..... nous étions encore heu-
» reux. — Nos pauvres petits fai-
» saient des barricades, chantaient
» la *Marseillaise*, les bruits de la rue
» redoublaient leur gaieté! Eh bien!
» quelques jours après, ces mêmes
» bruits redoublaient les convulsions

» de mon pauvre Georges. Il a eu
» quatorze jours d'agonie. Quatorze
» jours nous avons été sur la croix!
» Il est tombé à nos pieds le
» 3 mai. Il a rendu sa petite âme
» le 16 mai, à trois heures et de-
» mie du soir.

» Pardonne-moi de t'attrister,
» ma chère bonne, mais je viens
» à toi que j'aime tant! qui as
» toujours été si bonne pour moi!
» Toi qui es cause (car sans toi
» cela ne se pouvait pas) de ce
» beau voyage dans le Midi, avec
» mon fils! ce voyage qui a réta-
» bli ma santé (hélas! trop!), qui
» a rendu cet enfant si joyeux,
» qui a rempli de plaisirs, de pro-

» menades, de soleil, sa pauvre pe-
» tite existence sitôt finie!

» Je viens encore à toi pour
» que tu m'écrives une lettre qui
» donne un peu de forces à mon
» âme. Je te demande du secours
» encore une fois. Les belles pa-
» roles qui sortent de ton noble
» cœur, de ta haute raison, je sais
» bien où les prendre, mais j'y
» trouverai un plus grand soula-
» gement si elles viennent de ton
» cœur au mien.

» Adieu, ma chère George, mon
» amie et mon nom chéri!

» Marie Dorval.

» 12 juin 1848, rue de Varennes, 2. »

Je n'ai pas voulu changer un
mot, ni supprimer une ligne de
cette lettre. Bien que je n'aie pas
coutume de publier les éloges
qu'on m'adresse, celui-ci est sacré
pour moi. C'était la dernière bé-
nédiction de cette âme aimante et
croyante en dépit de tout, et cette
tendre vénération pour les objets
de son amitié montre les trésors
de piété morale qui étaient encore
en elle.

Les consolations qu'on lui adressait n'étaient jamais perdues. Elle fit
un nouvel effort pour s'étourdir
dans le travail et pour reprendre
sa tâche de dévouement. Mais, hé-

las! ses forces étaient épuisées, je
ne devais plus la revoir.

Je passai l'hiver à Nohant, et la
dernière lettre qui soit sortie de sa
main tremblante, elle l'écrivait en
1849 à sa chère Caroline, à l'occasion du 16 mai, ce jour fatal
qui lui avait enlevé son Georges.
Caroline m'envoya cette lettre frois-
sée, brûlante de fièvre, et dont l'é-
criture torturée a quelque chose de
tragique.

« Caen, le 15 mai 1849.

» Chère Caroline, ta pauvre mère
» a souffert toutes les tortures de
» l'enfer. Chère fille, nous voici
» dans l'anniversaire douloureux.

» Je te prie que la chambre de
» mon Georges soit fermée et in-
» terdite à tout le monde. Que
» Marie n'aille pas jouer dans cette
» chambre. Tu tireras le lit au
» milieu de la chambre. Tu met-
» tras son portrait ouvert sur son
» lit, et tu le couvriras de fleurs,
» ainsi que dans tous les vases. Tu
» enverras chercher ces fleurs à la
» halle. Mets-lui tout le printemps
» qu'il ne peut plus voir. Puis, tu
» prieras toute la journée en ton
» nom et au nom de sa pauvre
» grand'mère.

» Je vous embrasse bien ten-
» drement.

» TA MÈRE. »

A cette lettre déchirante était jointe celle-ci, de Caroline à moi :

« Ma mère est morte le 20 mai,
» un an et quatre jours après mon
» pauvre Georges. Elle est tombée
» malade dans la diligence, en al-
» lant à Caen donner des repré-
» sentations. Elle s'est mise au lit
» en arrivant, et ne s'est plus re-
» levée que pour revenir à Paris,
» où, deux jours après, elle est
» morte dans nos bras. Elle a bien
» souffert, mais ses derniers mo-
» ments ont été doux. Elle pensait
» à ce pauvre petit ange qu'elle
» allait rejoindre : vous savez
» comme elle l'aimait. Cet amour
» l'a tuée. Il y avait un an qu'elle

» souffrait. Elle a souffert de tou-
» tes les façons. On a été si in-
» juste, si cruel pour elle! Ah!
» madame, dites-moi que mainte-
» nant elle est heureuse! Je vous
» embrasse comme elle l'eût fait
» elle-même, de toute mon âme.

» Caroline Luguet.

» Le dernier livre qu'elle ait lu,
» c'est votre *Petite Fadette.* »

» 23 mai 1849.

» Chère madame Sand,

» Elle est morte, cette admirable
» et pauvre femme! Elle nous laisse
» inconsolables. Plaignez-nous!

» René Luguet. »

Maintenant, voici les détails de cette cruelle mort après une si cruelle vie. C'est René Lugnet qui me les donna dans une admirable lettre dont je suis forcée de supprimer la moitié. On verra pourquoi.

« Chère madame Sand,

» Oh! vous avez raison, c'est » pour nous un grand malheur, si » grand, voyez-vous, que c'en est » fait pour nous de toute joie sur » la terre. Pour mon compte, j'ai » tout perdu, une amie, un com- » pagnon d'infortune, une mère! » ma mère intellectuelle, la mère » de mon âme, celle qui donna

» l'essor à mon cœur, celle qui
» me fit artiste, qui me fit homme
» et qui m'en apprit les devoirs,
» celle qui me fit loyal et coura-
» geux, qui me donna le sentiment
» du beau, du vrai, du grand. —
» De plus, elle chérissait ma chère
» Caroline, elle adorait nos en-
» fants. Elle en est morte : jugez,
» jugez si je la pleure!

» Chère madame, vous qu'elle a
» tant aimée, vous qu'elle vénérait,
» laissez-moi vous raconter une
» partie de ses souffrances, vous
» aurez la mesure des miennes.

» Elle est donc morte de cha-
» grin, de découragement. Le dé-

» dain, oui, le dédain l'a tuée! . .

. . . . . . . . . . . . . . . . . . .

» Quand la pauvre femme allait
de porte en porte demander
» l'emploi de son talent, de son
» génie, on ouvrait de grands yeux
» au nom de Dorval. Le génie! Il
» est bien question de cela! Il lui
» manquait une ou deux dents, sa
robe était noire, son regard
» triste. Les événements ont amené
» dans les théâtres des désastres
» qui ont amené à leur tour. . . .

» . . . . . C'est donc au plus fort
» de cette décomposition que notre
» premier grand malheur arriva,
mon Georges mourut. Marie, frap-

» pée au cœur, resta d'abord de-
» bout, sans nous laisser voir la
» profondeur de sa blessure, puis
» elle étendit la main pour se rat-
» tacher à quelque chose; vite,
» nous cherchâmes quelque grande
» diversion à ce grand chagrin,
» une grande création! *** vint
» avec un beau rôle. Elle le lut,
» l'apprit, elle y était sublime. C'é-
» tait l'ancre de salut. Il fallait,
» quoi qu'elle fît, que quelques heu-
» res par jour fussent dérobées à
» sa douleur. . . . . . . . . . . . . .

» Sans motif, sans excuse, sans
» un mot d'explication, on lui re-
» tirait le rôle! . . . . . . . . . . . .

» C'en était fait. Elle reçut le
» coup en plein cœur. On dit à
» présent qu'on le regrette. Il est
» bien temps!


» La vie de cette pauvre mère
» s'échappait donc par trois blessu-
» res profondes, la mort d'un être
» adoré, — l'oubli et l'injustice par-
» tout, — à la maison, l'effroi de
» la misère!


» C'est ainsi que nous arrivâmes
» au 10 avril dernier. J'allais à
» Caen, elle devait venir m'y re-
» joindre, mais avant elle voulut
» tenter un dernier effort, une der-
» nière démarche pour avoir *aux*

6.

» *Français* un coin et 500 francs par
» mois. On lui répondit que bien-
» tôt, grâce à des *calculs intelligents*,
» on allait faire une économie de
» 300 francs sur le *luminaire*, et que
» si on pouvait vaincre la *répu-*
» *gnance* du comité, on aviserait à
» lui donner *du pain.*

» Ce fut son dernier coup, car
» je vis, dans ce moment-là, son
» regard angélique se porter vers
» moi, et la mort était dans ce
» regard.

» Elle partit pour Caen, et là,
» tout de suite, en deux heures, je
» vis le mal si grand, que je dus

» appeler une consultation. L'état fut
» jugé très-grave, il y avait fièvre
» pernicieuse et ulcère au foie. Je
» crus entendre prononcer ma pro-
» pre condamnation à mort. Je ne
» pouvais en croire mes yeux,
» quand je regardais cet ange de
» douleurs et de résignation, qui
» ne se plaignait pas, et qui, en
» me souriant tristement, semblait
» me dire : Vous êtes là, vous,
» vous ne me laisserez pas mourir!


» A dater de ce moment-là, j'ai
» passé *quarante* nuits à son che-
» vet, *debout!* Elle n'a pas eu d'au-
» tre garde, d'autre infirmier, d'au-
» tre ami que moi. Je voulais seul

» accomplir cette tâche; pendant
» quarante jours, j'ai été là, la dis-
» putant à la mort, comme un
» chien fidèle défend son maître en
» péril.


» Puis j'ai vu venir la faiblesse,
» la profonde mélancolie. Elle s'est
» mise à parler sans cesse de son
» enfance, de ses beaux jours; elle
» résumait toute son existence : je
» me sentais terrassé par le déses-
» poir, par la fatigue. Plusieurs fois
» je m'étais évanoui. Il fallait pren-
» dre un parti, et, bien que les
» médecins eussent prédit la mort
» en cas de voyage, comme je
» voyais la mort arriver rapide-

» ment et qu'elle appelait Paris, sa
» fille et sa petite Marie avec un
» accent qui me fait encore fris-
» sonner... je demandai à Dieu un
» miracle, je retins le coupé de la
» diligence, je levai et je me mis à
» habiller moi-même cette créature
» adorée, qui se laissait faire,
» comme si j'avais été sa mère.
» Je la descendis dans mes bras, et
» une heure après nous partions
» pour Paris, tous deux mourants,
» elle de son mal, moi de mon
» désespoir.

» Deux heures plus tard, par une
» tempête affreuse, nous versions :
» mais c'est à peine si nous nous

» en sommes aperçus. Tout nous
» était si égal!

» Enfin le lendemain elle était
» dans sa chambre, au milieu de
» nous tous. Dieu merci, elle était
» vivante; mais le mal, que le
» voyage avait engourdi, reprit son
» empire, et le 20 mai, à une
» heure, elle nous dit : *Je meurs,*
» *mais je suis résignée! ma fille,*
» *ma bonne fille, adieu......... Lu-*
» *guet..... sublime.....* Ce furent ses
» dernières paroles. Puis son der-
» nier soupir s'est exhalé à travers
» un sourire. Oh! ce sourire, il
» flamboie toujours devant mes
» yeux, et j'ai besoin de regar-
» der bien vite mes enfants et

» ma chère Caroline pour accepter
» la vie!

» Chère madame Sand, j'ai le
» cœur meurtri. Votre lettre a ra-
» vivé toutes mes tortures. Cette
» adorable Marie! vous avez été son
» dernier poëte. J'ai lu la *Petite*
» *Fadette* à son chevet. Puis nous
» avons parlé longtemps de tous
» ces beaux livres dont elle racon-
» tait les scènes touchantes en pleu-
» rant. Puis elle m'a parlé de vous,
» de votre cœur. Ah! chère ma-
» dame Sand, comme vous aimiez
» Marie! comme vous aviez su com-
» prendre son âme! comme elle
» vous aimait, et comme je vous
» aime! — Et comme je suis mal-

» heureux! Il me semble que ma
» vie est sans but et que je ne
» l'accepte plus que par devoir.

» J'attends le jour où je pourrai
» vous parler d'elle, vous raconter
» toutes les choses inouïes de gran-
» deur et de beauté que cet ange
» m'a dites dans ses jours de mé-
» lancolie et dans ses jours de dou-
» leur.

» Votre affectionné et désolé

» LUGUET. »

Je citerai encore une lettre de
ce bon et grand cœur qui avait été
digne d'une telle mère. Je lui en

demande pardon d'avance. Ces épanchements ne s'attendaient guère à la
publicité; mais il s'agit ici, non de
ménager la modestie de ceux qui
vivent, il s'agit d'élever le monu-
ment de celle qui est morte. C'était
une des plus grandes artistes et
une des meilleures femmes de ce
siècle. Elle a été méconnue, calom-
niée, raillée, diffamée, abandonnée
par plusieurs qui eussent dû la défendre, par quelques-uns qui eussent dû la bénir. Il faut qu'au
moins quelques voix s'élèvent sur
sa tombe, et ces voix-là seront
le meilleur poids dans la balance
où l'opinion pèse d'une main dis-
traite le bien et le mal. Ces voix-
là, ce sont les voix d'amis qui l'ont

connue longtemps et qui ont recueilli et apprécié tous les secrets
de son intimité : ce sont les voix
de la famille. Elles prévaudront
contre celles des gens qui voient
de loin et jugent au hasard.

« Paris, décembre 49.

» Chère madame Sand, j'ai vu
» hier votre pièce du *Champi*. Ja-
» mais, depuis que je suis au théâ-
» tre, je n'ai éprouvé une telle
» émotion! Ah! ce garçon dévoué,
» gardien fidèle de l'existence de
» la pauvre persécutée! Heureux
» fils qui sauve sa Madeleine! Tous
» n'ont pas ce bonheur-là! Comme
» j'ai pleuré! Blotti au fond de ma

» loge, le mouchoir aux dents, j'ai
» cru étouffer !

 » Ah ! c'est que, pour moi, ce
» n'était plus François et Made-
» leine ; c'était elle et moi ! Ce n'é-
» tait pas un homme et une femme
» qui peuvent ou doivent finir par
» un mariage ; ce n'était même pas
» un fils et une mère ; c'étaient deux
» âmes qui avaient besoin l'une de
» l'autre. Ah ! j'ai vu passer là les
» dix belles années de ma vie, mon
» dévouement, mon espérance, mon
» but, mon soutien, tout ! Oh ! j'ai
» été trop heureux pendant dix ans,
» il fallait payer cela !

 » Chère madame Sand, pardon-

» nez-moi toutes ces larmes au su-
» jet d'un succès qui réjouit tous
» ceux qui vous connaissent; mais
» à qui dirai-je ce que je souffre,
» si ce n'est à vous?

  » Ne viendrez-vous donc pas à
» Paris voir votre pièce? Et nous!
» — ne nous cherchez plus rue de
» Varennes. Oh! non, nous avons
» fui cette maison maudite. Nous y
» serions tous morts. Les portes, les
» corridors, les bruits de l'escalier,
» tout cela nous faisait frissonner à
» toute heure. Les cris de la rue
» venaient tous les matins à heure
» fixe nous rappeler qu'à *telle heure*
» *elle disait cela.* Enfin de ces riens
» qui tuent! Nous avons traîné ail-

» leurs notre profonde tristesse.....
» Caroline vous embrasse tendre-
» ment; la pauvre enfant est dé-
» solée aussi. Ma tendresse pour elle
» augmente chaque jour. Elle mé-
» rite tant d'être heureuse, celle-là!

» René Luguet. »

C'est ainsi que fut aimée, c'est
ainsi que fut pleurée Marie Dorval.
Son mari, M. Merle, était déjà
tombé dans un état de langueur
suivi de paralysie. Aimable et bon,
mais profondément personnel, il
trouva tout simple de rester, lui,
ses infirmités affreuses et ses dettes
intarissables, à la charge de Luguet
et de Caroline, auxquels il n'était

rien, sinon un devoir légué par
madame Dorval, devoir qu'ils ac-
complirent jusqu'au bout, en dépit
des vicissitudes de la vie d'artiste et
des mauvais jours qu'ils eurent à
traverser, tant leur fut chère et
sacrée la pensée de continuer la
tâche de dévouement qui leur était
léguée par elle.

Oui, si elle a été trahie et souil-
lée, cette victime de l'art et de la
destinée, elle a été aussi bien ché-
rie et bien regrettée. Et je n'ai pas
parlé de moi, de moi qui ne me
suis pas encore habituée à l'idée
qu'elle n'est plus, et que je ne
pourrai plus la secourir et la consoler; de moi, qui n'ai pu racon-

ter cette histoire et transcrire ces
détails sans me sentir étouffée par
les larmes; de moi, qui ai la conviction de la retrouver dans un
meilleur monde, pure et sainte
comme le jour où son âme quitta
le sein de Dieu pour venir errer
dans notre monde insensé, et tomber de lassitude sur nos chemins
maudits!

# CHAPITRE CINQUIÈME.

Eugène Delacroix. — David Richard et Gaubert. — La phrénologie et le magnétisme. — Les saints et les anges.

7.

Eugène Delacroix fut un de mes premiers amis dans le monde des artistes, et j'ai le bonheur de le compter toujours parmi mes vieux amis. Vieux, on le sent, est le mot relatif à l'ancienneté des relations, et non à la personne. Delacroix n'a

pas et n'aura pas de vieillesse. C'est
un génie et un homme jeune. Bien
que, par une contradiction originale
et piquante, son esprit critique
sans cesse le présent et raille l'avenir, bien qu'il se plaise à connaître, à sentir, à deviner, à chérir
exclusivement les œuvres et souvent
les idées du passé, il est, dans son
art, l'innovateur et l'oseur par ex-
cellence. Pour moi, il est le premier maître de ce temps-ci, et,
relativement à ceux du passé, il
restera un des premiers dans l'histoire de la peinture. Cet art n'ayant
pas généralement progressé depuis
la renaissance, et paraissant moins
goûté et moins compris relativement
par les masses, il est naturel qu'un

type d'artiste comme Delacroix,
longtemps étouffé ou combattu par
cette décadence de l'art et par
cette perversion du goût général,
ait réagi de toute la force de ses
instincts contre le monde moderne.
Il a cherché dans tous les obsta-
cles qui l'entouraient des monstres
à renverser, et il a cru les trouver souvent dans des idées de progrès dont il n'a senti ou voulu
sentir que le côté incomplet ou
excessif. C'est une volonté trop ex-
clusive et trop ardente que la
sienne pour s'accommoder des choses à l'état d'abstraction. En cela il
est, dans l'appréciation des vues sociales, comme était Marie Dorval
dans celle des idées religieuses. Il

faut à ces fortes imaginations un
terrain solide pour édifier le monde
de leurs pensées. Il ne faut pas leur
parler d'attendre que la lumière
soit faite. Elles ont horreur du vague, elles veulent le grand jour.
C'est tout simple : elles sont jour
et lumière elles-mêmes.

Il ne faut donc pas espérer de
les calmer en leur disant que la
certitude est et sera toujours en
dehors des faits du monde où l'on
vit, et que la foi à l'avenir ne
doit pas s'embarrasser du spectacle
des choses présentes. Ces yeux per-
çants voient souvent les hommes
d'avenir faire fatalement des mou-
vements rétrogrades, et, dès lors,

ils jugent que la philosophie du
siècle marche à reculons.

C'est ici le lieu de dire que notre philosophie, à nous autres qui
nous piquons d'être progressistes,
devrait bien faire le progrès d'une
certaine tolérance. Dans l'art, dans
la politique, et, en général, dans
tout ce qui n'est pas science exacte,
on veut qu'il n'y ait qu'une vérité,
et c'est là une vérité, en effet;
mais dès qu'on se l'est formulée à
soi-même, on s'imagine avoir trouvé
la vraie formule, on se persuade
qu'il n'y en a qu'une, et on prend
dès lors cette formule pour la
chose. Là commencent l'erreur, la

lutte, l'injustice et le chaos des discussions vaines.


Il n'y a qu'une vérité dans l'art,
le beau; qu'une vérité dans la morale, le bien; qu'une vérité dans
la politique, le juste. Mais dès que
vous voulez faire chacun le cadre
d'où vous prétendez exclure tout
ce qui, selon vous, n'est pas juste,
bien et beau, vous arrivez à rétré-
cir ou à déformer tellement l'image
de l'idéal, que vous vous trouvez
fatalement et bien heureusement à
peu près seul de votre avis. Le cadre de la vérité est plus vaste, toujours plus vaste qu'aucun de nous
ne peut se l'imaginer.

CHAPITRE CINQUIÈME.    107

La notion de l'infini peut seule agrandir un peu l'être fini que nous sommes, et c'est la notion qui entre le plus difficilement dans nos esprits. La discussion, la délimitation, l'*épluchage* et l'*épilogage* sont devenus, surtout en ce temps-ci, de véritables maladies; à ce point que beaucoup de jeunes artistes sont morts pour l'art, ayant oublié, à force de causer, qu'il s'agissait de prouver par des œuvres, et non par des discours. L'infini ne se démontre pas, il se cherche, et le beau se sent plus dans l'âme qu'il ne s'établit par des règles. Tous ces catéchismes d'art et de politique que l'on se jette à la tête sentent l'enfance de la politique et de l'art.

Laissons donc discuter, puisque c'est l'enseignement pénible, agaçant et puéril qu'il faut sans doute encore à notre époque : mais que ceux d'entre nous qui sentent au dedans d'eux-mêmes un élan véritable ne s'embarrassent pas de ce bruit de l'école, et fassent leur tâche en se bouchant un peu les oreilles.

Et puis, quand notre tâche du jour est faite, regardons celle des autres, et ne nous hâtons pas de dire qu'elle n'est pas bonne, parce qu'elle est différente. Profiter vaut mieux que contredire, et bien souvent on ne profite de rien, parce que l'on veut tout critiquer.

Nous exigeons trop de logique dans les autres, et par là nous montrons que nous n'en avons pas assez pour nous-mêmes. Nous voulons qu'on voie par nos yeux en toutes choses, et plus un individu nous frappe et nous occupe par l'emploi de hautes facultés, plus nous voulons l'assimiler à nos facultés propres, qui, à supposer qu'elles ne soient pas très-inférieures, sont du moins très-différentes. Philosophes, nous voudrions qu'un musicien fît ses délices de Spinoza; musiciens, nous voudrions qu'un philosophe nous donnât l'opéra de *Guillaume Tell;* et quand l'artiste, hardi novateur dans sa partie, rejette l'innovation sur un autre point, de même que quand le penseur, bouillant à s'élancer dans l'inconnu de ses croyances, recule devant la nouveauté d'une tentative d'art, nous crions à l'inconséquence et nous dirions volontiers : « Toi, artiste, je condamne tes œuvres d'art, parce que tu n'es pas de mon parti et de mon école; toi, philosophe, je nie ta science, parce que tu n'entends rien à la mienne. »

C'est ainsi qu'on juge trop souvent, et trop souvent la critique écrite arrive pour donner la dernière main à ce système d'intolérance si parfaitement déraisonnable. Cela était surtout sensible il y a quelques années, lorsque beaucoup

de journaux et de revues représen-
taient beaucoup de nuances d'opinions. On eût pu dire alors : « Dis-
moi dans quel journal tu écris, et
je vais te dire quel artiste tu vas
louer ou blâmer. »

On m'a bien souvent dit à moi :
« Comment pouvez-vous vivre et
parler avec tel de vos amis qui
pense tout au rebours de vous?
Quelles concessions vous fait-il, ou
quelles concessions n'êtes-vous pas
forcée de lui faire? »

Je n'ai jamais fait ni demandé la
moindre concession, et si j'ai quelquefois discuté, c'est pour m'instruire en faisant parler les autres;

m'instruire, non pas en ce sens que
j'acceptais toujours toutes leurs so-
lutions, mais en ce sens qu'exami-
nant le mécanisme de leur pensée
et recherchant en eux la source de
leurs convictions, j'arrivais à comprendre ce que l'être humain le
mieux organisé renferme de contra-
dictions de fait dans sa logique apparente, et, par suite, de logique
véritable dans ses apparentes con-
tradictions.

Du moment que l'intelligence vous
révèle ses forces, ses besoins, son
but, et même ses infirmités à côté
de ses grandeurs, je ne comprends
guère qu'on ne l'accepte pas tout
entière, même avec ses taches, les-

quelles, comme celles du soleil, ne
peuvent pas être regardées à l'œil
nu sans faire cligner beaucoup la
paupière.

J'ai donc, outre l'amitié tendre
qui me lie à certaines natures d'é-
lite, un grand respect pour ce que
je n'admettrais pas en moi-même à
l'état de croyance arrêtée, mais ce
qui, chez elles, me paraît l'accident
inévitable, nécessaire peut-être, le
coup de fouet intérieur de leur développement. Un grand artiste peut
nier devant moi une partie de ce
qui fait la vie de mon âme, peu
m'importe; je sais bien que par les
endroits de mon âme qui lui sont
ouverts il fera rentrer ma vie avec

XVIII.                              8

sa flamme. De même un grand philosophe qui me blâmera d'être artiste me rendra plus artiste en ranimant ma foi à des vérités supérieures, lorsqu'il m'expliquera ces vérités avec l'éloquence de la conviction.

Notre esprit est une boîte à compartiments qui communiquent les uns avec les autres par un admirable mécanisme. Un grand esprit qui se livre à nous nous donne à respirer comme un bouquet de fleurs où certains parfums, qui nous seraient nuisibles isolés, nous charment et nous raniment par leur mélange avec les autres parfums qui les modifient.

Ces réflexions me viennent à propos d'Eugène Delacroix. Je pourrais les appliquer à beaucoup d'autres natures éminentes que j'ai eu le bonheur d'apprécier sans qu'elles m'aient causé aucun souci en me contredisant et même en se moquant de moi à l'occasion. J'ai été tenace dans ma résistance à certains de leurs dires, mais tenace aussi dans mon affection pour elles et dans ma reconnaissance pour le bien qu'elles m'ont fait en excitant en moi le sentiment de moi-même. Elles me regardent comme une rêveuse incorrigible; mais elles savent que je suis une amie fidèle.

Le grand maître dont je parle

8.

est donc mélancolique et chagrin
dans sa théorie, enjoué, charmant,
*bon enfant* au possible dans son
commerce. Il démolit sans fureur et
raille sans fiel, heureusement pour
ceux qu'il critique; car il a autant
d'esprit que de génie, chose à quoi
l'on ne s'attend pas en regardant
sa peinture, où l'agrément cède la
place à la grandeur, et où la maes-
tria n'admet pas la gentillesse et la
coquetterie. Ses types sont austères;
on aime à les regarder bien en face :
ils vous appellent dans une région
plus haute que celle où l'on vit.
Dieux, guerriers, poëtes ou sages,
ces grandes figures de l'allégorie ou
de l'histoire qu'il a traitées vous
saisissent par une allure formidable

ou par un calme olympien. Il n'y
a pas moyen de penser, en les
contemplant, au pauvre modèle d'a-
telier, qu'on retrouve dans presque
toutes les peintures modernes, sous
le costume d'emprunt à l'aide du-
quel on a vainement tenté de le
transformer. Il semble que si Delacroix a fait poser des hommes et
des femmes, il ait cligné les yeux
pour ne pas les voir trop réels.

Et cependant ses types sont vrais,
quoique idéalisés dans le sens du
mouvement dramatique ou de la
majesté rêveuse. Ils sont vrais
comme les images que nous por-
tons en nous-mêmes quand nous
nous représentons les dieux de la

poésie ou les héros de l'antiquité.
Ce sont bien des hommes, mais non
des hommes vulgaires comme il
plaît au vulgaire de les voir pour
les comprendre. Ils sont bien vivants, mais de cette vie grandiose,
sublime ou terrible dont le génie
seul peut retrouver le souffle.

Je ne parle pas de la couleur de
Delacroix. Lui seul aurait peut-être
la science et le droit de faire la
démonstration de cette partie de
son art, où ses adversaires les plus
obstinés n'ont pas trouvé moyen de
le discuter; mais parler de la couleur en peinture, c'est vouloir faire
sentir et deviner la musique par la
parole. Décrira-t-on le *Requiem* de

Mozart? On pourrait bien écrire un
beau poëme en l'écoutant; mais ce
ne serait qu'un poëme et non une
traduction; les arts ne se traduisent
pas les uns par les autres. Leur
lien est serré étroitement dans les
profondeurs de l'âme; mais, ne parlant pas la même langue, ils ne
s'expliquent mutuellement que par
de mystérieuses analogies. Ils se
cherchent, s'épousent et se fécon-
dent dans des ravissements où
chacun d'eux n'exprime que lui-
même.

« *Ce qui fait le beau de cette in-
dustrie-là*, me disait gaiement Delacroix lui-même dans une de ses
lettres, *consiste dans des choses que*

*la parole n'est pas habile à expri-
mer.*—Vous me comprenez de reste,
ajoute-t-il; et une phrase de votre
lettre me dit assez combien vous
sentez les limites nécessaires à chacun des arts, limites que messieurs
vos confrères franchissent parfois
avec une aisance admirable. »

Il n'y a guère moyen d'analyser
la pensée dans quelque art que ce
soit, si ce n'est à travers une pensée de même ordre. Du moment
qu'on veut rapetisser à sa propre
mesure, quand on est petit, les
grandes pensées des maîtres, on erre
et on divague sans entamer en rien
le chef-d'œuvre : on a pris une
peine inutile.

Quant à disséquer leur procédé, soit pour le louer, soit pour le blâmer, l'étalage de termes techniques que la critique introduit plus ou moins adroitement dans ses argumentations sur la peinture et la musique n'est qu'un tour de force réussi ou manqué. Manqué, ce qui arrive souvent à ceux qui parlent du métier sans en comprendre les termes et en les employant à tort et travers, le tour fait rire les plus humbles praticiens. Réussi, il n'initie en rien le public à ce qu'il lui importe de sentir, et n'apprend rien aux élèves attentifs à saisir les secrets de la maîtrise. Vous leur direz en vain les procédés de l'artiste, et devant ces naïfs rapins

qui s'extasient sur un petit coin de
la toile en se demandant avec stu-
peur *comment cela est fait,* vous ex-
poserez en vain la théorie savante
des moyens employés; vous fussent-
ils révélés par la propre bouche du
maître, ils seront parfaitement inu-
tiles à celui qui ne saura pas les
mettre en œuvre. S'il n'a pas de
génie, aucun moyen ne lui servira;
s'il a du génie, il trouvera ses
moyens tout seul, ou se servira à
sa manière de ceux d'autrui, qu'il
aura compris ou devinés sans vous.
Les seuls ouvrages d'art sur l'art
qui aient de l'importance et qui
puissent être utiles sont ceux qui
s'attachent à développer les qualités
de sentiment des grandes choses,

et qui, par là, élèvent et élargissent le sentiment des lecteurs. Sous ce point de vue, Diderot a été grand critique, et, de nos jours, plus d'un critique a encore écrit de belles et bonnes pages. Hors de là, il n'y a qu'efforts perdus et pédantisme puéril.

Un modèle d'appréciation supérieure est sous mes yeux. J'en veux rappeler un fragment pour ceux qui ne l'auraient pas sous la main.

« On ne peut nier l'impression » sans cesse décroissante des ou- » vrages qui s'adressent à la partie » la plus enthousiaste de l'esprit;

» c'est une espèce de refroidisse-
» ment mortel qui nous gagne par
» degrés, avant de glacer tout à fait
» la source de toute vénération et
» de toute poésie.

. . . . . . . . . . . . . . . . . . . .

» Doit-on se dire que les beaux
» ouvrages ne sont pas faits pour
» le public et ne sont pas appré-
» ciés par lui, et qu'il ne garde
» ses admirations privilégiées que
» pour de futiles objets? Serait-ce
» qu'il se sent pour toute produc-
» tion extraordinaire une sorte
» d'antipathie, et que son instinct
» le porte naturellement vers ce
» qui est vulgaire et de peu de
» durée? Y aurait-il, pour toute

» œuvre qui semble par sa gran-
» deur échapper au caprice de la
» mode, une condition secrète de
» lui déplaire, et n'y voit-il qu'une
» espèce de reproche de l'incon-
» stance de ses goûts et de la va-
» nité de ses opinions? »

Après ce cri de douleur et d'é-
tonnement, le critique que je cite
nous parle du *Jugement dernier,* et,
sans employer aucun terme de métier, sans nous initier à aucun des
procédés que nous n'avons pas besoin de connaître, occupé seulement
de nous communiquer l'enthousiasme qui l'embrase, il nous jette
dans la pensée la propre pensée
de Michel-Ange.

« Le style de Michel-Ange, dit-il,
» semble le seul qui soit parfaite-
» ment approprié à un pareil sujet.
» L'espèce de convention qui est
» particulière à ce style, ce parti
» tranché de fuir toute trivialité au
» risque de tomber dans l'enflure
» et d'aller jusqu'à l'impossible, se
» trouvaient à leur place dans la
» peinture d'une scène qui nous
» transporte dans une sphère tout
» idéale. Il est si vrai que notre
» esprit va toujours au delà de ce
» que l'art peut exprimer en ce
» genre, que la poésie elle-même,
» qui semble si immatérielle dans
» ses moyens d'expression, ne nous
» donne jamais qu'une idée trop
» définie de semblables inventions.

» Quand l'Apocalypse de saint Jean
» nous peint les dernières convul-
» sions de la nature, les monta-
» gnes qui s'écroulent, les étoiles
» qui tombent de la voûte céleste,
» l'imagination la plus poétique et
» la plus vaste ne peut s'empêcher
» de circonscrire dans un champ
» borné le tableau qui lui est of-
» fert. Les comparaisons employées
» par le poëte sont tirées d'objets
» matériels qui arrêtent la pensée
» dans son vol. Michel-Ange, au
» contraire, avec ses dix ou douze
» groupes de quelques figures dis-
» posées symétriquement et sur une
» surface que l'œil embrasse sans
» peine, nous donne une idée in-
» comparablement plus terrible de

» la catastrophe suprême qui amène
» aux pieds de son juge le genre
» humain éperdu; et cet empire
» immense qu'il prend à l'instant
» sur l'imagination, il ne le doit à
» aucune des ressources que peu-
» vent employer les peintres vul-
» gaires; c'est son style seul qui
» le soutient dans les régions du
» sublime et nous y emporte avec
» lui.

. . . . . . . . . . . . . . . . . . . . .

» Le Christ de Michel-Ange n'est
» ni un philosophe ni un héros de
» roman. C'est Dieu lui-même, dont
» le bras va réduire en poudre
» l'univers. Il faut à Michel-Ange,
» il faut au peintre des formes,

» des contrastes, des ombres, des
» lumières sur des corps charnus
» et mouvants. Le jugement dernier,
» c'est la fête de la chair; aussi
» comme on la voit courir déjà
» sur les os de ces pâles ressusci-
» tés, au moment où la trompette
» entr'ouvre leur tombe et les ar-
» rache au sommeil des siècles!
» Dans quelle variété de poétiques
» attitudes ils entr'ouvrent leurs pau-
» pières à la lueur de ce sinistre
» et dernier jour qui secoue pour
» jamais la lumière du sépulcre et
» pénètre jusqu'aux entrailles de
» cette terre où la mort a entassé
» ses victimes! Quelques-uns soulè-
» vent avec effort la couche épaisse
» sous laquelle ils ont dormi si

» longtemps; d'autres, dégagés déjà
» de leur fardeau, restent là éten-
» dus et comme étonnés d'eux-
» mêmes. Plus loin, la barque ven-
» geresse emporte la foule des
» réprouvés. Caron se tient là, bat-
» tant de son aviron les âmes pa-
» resseuses : *qualunque s'adagia!* »

Qui donc a écrit ces belles pages? Ne semble-t-il pas qu'on en-
tende Michel-Ange lui-même parler
de son œuvre et en expliquer la
pensée? Ce langage si grand et si
ferme qu'il ne semble pas appar-
tenir à notre siècle n'est-il pas celui du maître traduit par quelque
littérateur contemporain du premier
ordre?

Non! ces pages sont écrites par
un maître moderne qui n'a ni le
goût ni le temps d'écrire. Elles ont
été jetées à la hâte sur le papier,
dans un jour de brûlante indigna-
tion contre l'indifférence du public
et de la critique en présence d'une
belle copie du *Jugement dernier* due
à Sigalon, et que Paris était appelé
à contempler au palais des Beaux-
Arts, ce dont Paris ne se souciait
pas le moins du monde. Ces pages,
dont le maître ne veut pas seulement qu'on lui parle et qu'il craint
peut-être de relire, sont signées Eugène Delacroix.

Je ne dirai pas : Que n'en a-t-il

écrit beaucoup d'autres[1]! mais bien:
Que n'a-t-il pu mettre douze heures de plus dans ses journées déjà
trop courtes pour la peinture! Lui
seul, je le crois, eût pu traduire
son propre génie à la multitude
en lui traduisant celui des maîtres
tant aimés et si bien compris par
lui!

Citons la conclusion; on y verra
le *procédé* par lequel Delacroix est
devenu un peintre égal à Michel-
Ange.

« On n'a pas craint d'affirmer

---

[1] Il en a écrit quelques autres que la postérité
recueillera très-précieusement, entre autres un
opuscule intitulé *Questions sur le beau.*

» que la vue du chef-d'œuvre de
» Michel-Ange corromprait le goût
» des élèves et les induirait à la
» manière, comme si quelque chose
» pouvait être plus funeste que la
» manière même des écoles. Sans
» doute, des modèles aussi frap-
» pants ne s'adressent pas à tous
» les esprits. Il en est de l'étude
» d'une manière si agrandie, d'un
» art si abstrait, si l'on peut parler
» ainsi, comme de ces régimes aus-
» tères auxquels ne se soumettent
» que les rudes tempéraments. En
» présence de tant de grandeur et
» de hardiesse, un élève imbécile
» se retourne vers son maître et
» ne voit dans le dédain du grand
» peintre pour l'imitation vulgaire

» que l'impuissance d'imiter. Le
» maître se demande à son tour
» s'il fera céder la tradition devant
» ce mépris de toute tradition, et
» cependant le sublime artiste s'a-
» vance à travers les siècles, en-
» touré de disciples plus dignes de
» lui. Tous les grands noms de la
» peinture marchent à ses côtés et
» le couronnent des rayons de leur
» propre gloire. . . . . . . . . . . . .

» Après toutes les nouvelles dévia-
» tions dans lesquelles l'art pourra
» se trouver entraîné par le ca-
» price et le besoin du change-
» ment, le grand style du Floren-
» tin sera toujours comme un pôle
» vers lequel il faudra se tourner

» de nouveau pour retrouver la
» route de toute grandeur et de
» toute beauté. »

Le voilà, le procédé! C'est d'adorer le beau d'abord, ensuite de le
comprendre, et puis enfin de le
tirer de soi-même. Il n'y en a pas
d'autre.

On peut bien croire que l'inintel-
ligence du siècle a fait mortellement souffrir cette âme enthousiaste
des grandes choses. Heureusement
la gaieté charmante de son esprit
l'a préservé de la souffrance qui
aigrit. Quant à celle qui énerve, le
géant était trop fortement trempé

pour la connaître. Il a résolu le
problème de prendre son essor entier, un essor victorieux, immense,
et qui laisse le parlage et le para-
doxe loin sous ses pieds, comme
cette fulgurante figure d'Apollon
qu'il a jetée aux voûtes du Louvre
oublie, dans la splendeur des cieux,
les chimères qu'il vient de terras-
ser. Il a résolu ce problème sans
perdre la jeunesse de son âme, la
générosité et la droiture de ses
instincts, le charme de son caractère, la modestie et le bon goût de
son attitude.

Delacroix a traversé plusieurs
phases de son développement en
imprimant à chaque série de ses

ouvrages le sentiment profond qui
lui était propre. Il s'est inspiré du
Dante, de Shakspeare et de Goëthe,
et les romantiques, ayant trouvé en
lui leur plus haute expression, ont
cru qu'il appartenait exclusivement
à leur école. Mais une telle fougue
de création ne pouvait s'enfermer
dans un cercle ainsi défini. Elle a
demandé au ciel et aux hommes
de l'espace, de la lumière, des lam-
bris assez vastes pour contenir ses
compositions, et s'élançant alors
dans le monde de son idéal complet, elle a tiré de l'oubli, où il
était question de les reléguer, les
allégories de l'antique Olympe,
qu'elle a mêlées, en grand historien de la poésie, à l'illustration

des génies de tous les siècles. Delacroix a rajeuni ce monde évanoui
ou travesti par de froides tradi-
tions, au feu de son interprétation
brûlante. Autour de ces personnifi-
cations surhumaines, il a créé un
monde de lumière et d'effets, que
le mot *couleur* ne suffit peut-être
pas à exprimer pour le public,
mais qu'il est forcé de sentir dans
l'effroi, le saisissement ou l'éblouis-
sement qui s'emparent de lui à
un tel spectacle. Là éclate l'individualité du sentiment de ce maître,
enrichie du sentiment collectif des
temps modernes, dont la source
cachée au fond des esprits supérieurs grossit toujours à travers les
âges.

Il y aura néanmoins toujours un ordre d'esprits systématiques qui reprocheront à Delacroix de n'avoir pas présenté à leurs sens le joli, le gracieux, la forme voluptueuse, l'expression caressante comme ils l'entendent. Reste à savoir s'ils l'entendent bien, et si, dans cette région de la fantaisie, ils sont compétents à discerner le faux du vrai, le naïf du maniéré. J'en doute. Ceux qui comprennent réellement le Corrége, Raphaël, Watteau, Prudhon, comprennent tout aussi bien Delacroix. La grâce a son siége, et la puissance a le sien. D'ailleurs les grâces sont des divinités à mille faces. Elles sont lascives ou chastes selon l'œil qui les

voit, selon l'âme qui les formule.
Le génie de Delacroix est sévère,
et quiconque n'a pas un sentiment
capable d'élévation ne le goûtera
jamais entièrement. Je crois qu'il y
est tout résigné.

Mais quelle que soit la critique,
il laissera un grand nom et de
grandes œuvres. Quand on le voit
pâle, frêle, nerveux et se plaignant
de mille petits maux obstinés à le
tenir en haleine, on s'étonne que
cette délicate organisation ait pu
produire avec une rapidité surpre-
nante, à travers des contrariétés et
des fatigues inouïes, des œuvres
colossales. Et pourtant elles sont là,
et elles seront suivies, s'il plaît à

Dieu, de beaucoup d'autres, car le
maître est de ceux qui se dévelop-
pent jusqu'à la dernière heure et
dont on croit en vain saisir le dernier mot à chaque nouveau pro-
dige.

Delacroix n'a pas été seulement
grand dans son art, il a été grand
dans sa vie d'artiste. Je ne parle
pas de ses vertus privées, de son
culte pour sa famille, de ses tendresses pour ses amis malheureux,
des charmes solides de son caractère, en un mot. Ce sont là des
mérites individuels que l'amitié ne
publie pas à son de trompe. Les
épanchements de son cœur dans ses
admirables lettres feraient ici un

beau chapitre qui le peindrait mieux
que je ne sais le faire. Mais les
amis vivants doivent-ils être ainsi
révélés, même quand cette révélation ne peut être que la glorifica-
tion de leur être intime? Non, je
ne le pense pas. L'amitié a sa pu-
deur, comme l'amour a la sienne.
Mais ce qui en Delacroix appartient à l'appréciation publique pour
le profit que portent les nobles
exemples, c'est l'intégrité de sa conduite; c'est le peu d'argent qu'il a
voulu gagner, la vie modeste et
longtemps gênée qu'il a acceptée
plutôt que de faire aux goûts et
aux idées du siècle (qui sont bien
souvent celles des gens en place)
la moindre concession à ses princi-

pes d'art. C'est la persévérance hé-
roïque avec laquelle, souffrant, ma-
lingre, brisé en apparence, il a
poursuivi sa carrière, riant des sots
dédains, ne rendant jamais le mal
pour le mal, malgré les formes char-
mantes d'esprit et de savoir-vivre
qui l'eussent rendu redoutable dans
ces luttes sourdes et terribles de
l'amour-propre; se respectant lui-
même dans les moindres choses,
ne boudant jamais le public, expo-
sant chaque année au milieu d'un
feu croisé d'invectives, qui eût
étourdi ou écœuré tout autre; ne
se reposant jamais, sacrifiant ses
plaisirs les plus purs, car il aime
et comprend admirablement les autres arts, à la loi impérieuse d'un

travail longtemps infructueux pour
son bien-être et son succès : vivant,
en un mot, au jour le jour, sans
envier le faste ridicule dont s'entourent les artistes parvenus, lui
dont la délicatesse d'organes et de
goûts se fût si bien accommodée
pourtant d'un peu de luxe et de
repos !

Dans tous les temps, dans tous
les pays, on cite les grands artistes qui n'ont rien donné à la vanité ou à l'avarice, rien sacrifié à
l'ambition, rien immolé à la vengeance. Nommer Delacroix, c'est
nommer un de ces hommes purs
dont le monde croit assez dire en
les déclarant honorables, faute de

savoir combien la tâche est rude
au travailleur qui succombe et au
génie qui lutte.

Je n'ai point à faire l'historique
de nos relations; elle est dans ce
seul mot, amitié sans nuages. Cela
est bien rare et bien doux, et
entre nous cela est d'une vérité
absolue. Je ne sais pas si Delacroix
a des imperfections de caractère.
J'ai vécu près de lui dans l'intimité
de la campagne et dans la fré-
quence des relations suivies, sans
jamais apercevoir en lui une seule
tache, si petite qu'elle fût. Et pourtant nul n'est plus liant, plus naïf
et plus abandonné dans l'amitié.
Son commerce a tant de charmes

qu'auprès de lui on se trouve soi
même être sans défauts, tant il est
facile d'être dévoué à qui le mérite si bien. Je lui dois en outre,
bien certainement, les meilleures
heures de pures délices que j'aie
goûtées en tant qu'artiste. Si d'autres grandes intelligences m'ont
initiée à leurs découvertes et à
leurs ravissements dans la sphère
d'un idéal commun, je peux dire
qu'aucune individualité d'artiste ne
m'a été aussi plus sympathique et,
si je puis parler ainsi, plus intel-
ligible dans son expansion vivifiante.
Les chefs-d'œuvre qu'on lit, qu'on
voit ou qu'on entend ne vous pénètrent jamais mieux que doublés
en quelque sorte dans leur puis-

sance par l'appréciation d'un puissant génie. En musique et en
poésie comme en peinture, Delacroix est égal à lui-même, et tout
ce qu'il dit quand il se livre est
charmant ou magnifique sans qu'il
s'en aperçoive.

Je ne compte pas entretenir le
public de tous mes amis. Un chapitre consacré à chacun d'eux,
outre qu'il blesserait la timidité
modeste de certaines natures épri-
ses de recueillement et d'obscurité,
n'aurait d'intérêt que pour moi et
pour un fort petit nombre de lecteurs.
Si j'ai parlé beaucoup de Rollinat,
c'est parce que cette amitié type a
été pour moi l'occasion de dresser

mon humble autel à une religion
de l'âme que chacun de nous porte
plus ou moins pure en soi-même.

Quant aux personnes célèbres, je
ne m'attribue pas le droit d'ouvrir
le sanctuaire de leur vie intime,
mais je regarde comme un devoir
d'apprécier l'ensemble excellent de
leur vie par rapport à la mission
qu'elles remplissent, quand je suis
à même de remplir ce devoir en
connaissance de cause.

Que ceux de mes anciens amis
qui ne trouveront pas leurs noms
à cette page de mon histoire ne
pensent donc pas qu'ils soient effa-
cés de mon cœur. Plus d'un même,

que les circonstances ont forcément
éloignés, à la longue, du milieu où
j'ai dû vivre, me sont restés chers
et gardent dans mes souvenirs la
place honorable et douce qu'ils s'y
sont faite.

Parmi ceux-là, je te nommerai
pourtant, David Richard, type noble
et doux, âme pure entre toutes!
Tu appartiens à l'estime d'un
groupe moins restreint que celui
où ton humilité, vraiment chré-
tienne, s'est toujours cachée. La
charité t'a, pour ainsi dire, détaché
de toi-même, et tes patientes études, les élans généreux de ton
cœur t'ont jeté dans une vie

d'apôtre où le mien t'a suivi avec
une constante vénération.

C'est qu'il est rare que les âmes
portées à ce sentiment-là ne de-
viennent pas dignes de l'inspirer à
leur tour. Cet humble axiome résume toute la vie de David Richard.
Doué d'une tendresse suave et d'une
foi fervente, il vit dans ses amis
(et en tête de ses premiers amis
fut l'illustre Lamennais), non pas
des soutiens et des appuis pour sa
faiblesse, mais des aliments naturels
pour les forces de son dévouement.
Je ne sais pas si on l'a jamais soutenu et consolé, lui! Je ne crois
pas, du moins, qu'il ait jamais
songé à se plaindre d'aucune peine

personnelle. Ce que je sais, c'est
qu'il écoutait, consolait et calmait
toujours, attirant à lui toutes les
peines des autres et les dissipant ou
les calmant par je ne sais quelle
influence mystérieuse, sur laquelle
j'aurais quelque chose à dire, si
j'osais, à propos d'un homme aussi
sérieux, parler de choses qui tou-
chent à l'empire des rêves.

Mais pourquoi ne l'oserais-je pas?
J'y songe bien et je ne sens en
moi aucune déviation du bon sens
vers les illusions fantasques. Je n'ai
rien trouvé de tel dans ce que
David Richard m'a dit de la phrénologie et du magnétisme. Lui-
même faisait la part des inductions

hasardées et des conclusions exces-
sives. Il s'occupait sérieusement de
ce mode d'observations qui le con-
duisait à chercher la part de fatalité qui préside aux destinées
humaines; mais ses tendances spiri-
tualistes le tenaient dans le milieu
rationnel et religieux qui doit nous
faire rejeter l'idée d'une fatalité invincible.

Cette noble intelligence, après
s'être adonnée avec ardeur à la
poursuite de la fatalité d'organisation, s'arrêta donc au point où l'a-
théisme désespérant eût ébranlé une
croyance moins réfléchie et un caractère moins aimant. Il ne se
plongea dans la connaissance du

mal que pour en chercher le remède. Il ne vit l'homme incomplet
que pour le plaindre, et infirme
que pour vouloir le guérir. Il se
souvint que l'espérance est une
des trois vertus célestes, et, au
bord des abîmes du doute, il re-
garda en haut et pria.

Ses amis s'effrayèrent de son enthousiasme tranquille et profond.
Ils me prièrent souvent de le préserver, s'il m'était possible, de ses
tendances au mysticisme. Parmi
ceux-là fut le docteur Gaubert, qui
devint mon ami autant que le docteur David Richard : un homme
de même trempe pour la vertu et
la bonté, mais d'un enthousiasme

plus expansif et d'un esprit plus
absolu.

Je ne pense pas qu'il m'eût été
possible de changer les convictions
de Richard; mais je ne l'essayai pas,
parce que je ne trouvai jamais son
esprit en péril sur ces questions
ardues. Je crois, si j'ai bien compris Gaubert (car Richard était ré-
servé sur cette matière), que la
discussion roulait sur ce point essentiel que j'ai indiqué : à savoir si
la fatalité de l'organisation était
absolue ou accidentelle; si la volonté divine avait tracé d'avance à
chaque créature le cercle de ses
instincts et l'invincible loi de sa
perte ou de son salut en ce

monde; — ou si elle avait permis
que la volonté humaine fût ébranlée par des troubles intérieurs
d'une gravité plus ou moins difficile, mais toujours possible, à
vaincre.

On a vu, au commencement de
cet ouvrage, que je penche vers
cette dernière opinion. J'ai dit que,
selon moi, nous portions en nous
le *tentateur* éternel, mais que l'action divine, appelée la *grâce* par les
chrétiens, était en nous aussi pour
nous aider à combattre. J'étais donc
plus près de l'opinion de Richard,
qui croyait à la grâce, que de celle
de Gaubert, qui croyait seulement à
de certaines modifications phrénolo-

giques apportées par le régime et
l'éducation.

Je n'étais pas assez instruite, je
ne le suis pas encore assez pour
me prononcer bien haut dans un
sens ou dans l'autre, vis-à-vis
d'hommes qui ont fait de ces questions la spécialité de leur vie. Mes
croyances, à moi, partent du sentiment avant tout, et, pour ma
gouverne, cela m'a toujours suffi.
Je ne trouvais donc entre ces deux
chers et précieux amis rien qui
gênât mon esprit dans la route qui
lui était propre. Ils étaient d'accord
pour signaler des causes fatales de
bien et de mal dans l'essence même
de chaque être. Ils différaient sur

le plus ou moins d'efficacité du remède. Richard, croyant trouver en
Dieu le remède souverain, ne s'arrêtait peut-être pas au seuil du
dogme catholique autant que l'eût
souhaité Gaubert, ennemi, comme
moi, du dogme des peines éternel-
les au delà de la vie, et des peines absolues ici-bas, la flétrissure
et la mort, qui sont, dans nos lé-
gislations, l'équivalent de la damna-
nation sans retour dans les idées
religieuses.

Il me semblait que tous deux
tendaient vers une vérité utile, l'un
en voulant l'indulgence des lois
pour le misérable, privé de la conscience de ses actions; l'autre en

voulant faire agir la vertu et la foi
sur l'âme égarée ou perverse.

Si la mort ne nous eût enlevé
Gaubert au milieu de sa carrière,
il eût abouti à quelque noble con-
sécration de ses principes. Richard
a poursuivi et complété la sienne
en se vouant à la guérison de la
démence. Il est médecin en chef de
l'établissement de Stephansfeld, occupé à toute heure de chercher à
calmer, à distraire, à consoler, à relever ces malheureux aliénés, et à
ranimer en eux l'étincelle de la raison ou de la moralité.

Je ne sais pas ce que sont deve-
nues ses opinions sur le magné-

tisme. Durant les années où nous
avons pu ne pas nous perdre de
vue, il s'adonnait beaucoup à l'é-
tude de cette chose mystérieuse à
laquelle Gaubert croyait d'une manière absolue. Ce dernier me fit voir
des expériences qui me convainqui-
rent pendant quelque temps; mais
lui-même découvrit que nous avions
été joués, et j'avoue que depuis des
*tours* si bien *faits*, je suis devenue d'une méfiance fort difficile à
guérir.

Il resta, lui, attaché à sa croyance
jusqu'au dernier moment, avouant,
comme son digne ami le docteur
Frappart, qu'il n'avait jamais pu
s'emparer d'un fait concluant, grâce

aux charlatans et aux sycophantes
qui s'étaient jetés sur la profession
lucrative de *sujets magnétiques;* mais
protestant, au nom de la logique
de la science, contre la nécessité
du fait. J'avoue que c'est là pour
moi une conclusion difficile à admettre. La science est, à cet égard,
une chose si nouvelle que longtemps encore elle ne pourra être
que la recherche des causes et de
la nature de certains faits insolites.
Si ces faits sont insaisissables, quelle
loi de la nature nous commandera,
au nom de la logique, de nous
passer de cette preuve? De ce que
l'attraction gouverne un certain
ordre de choses matérielles, ré-
sulte-t-il que la pensée humaine

puisse s'isoler des fonctions de l'organisme et nous faire entrer dans le domaine des prestiges?

J'y ai beaucoup pensé, sans la moindre prévention contraire, et même avec le violent désir, si naturel à l'imagination poétique, de sortir du monde positif et d'entrer dans une voie inconnue. J'ai trouvé beaucoup de charme à m'illusionner moi-même à un moment donné. Je trouve les savants officiels très-légers dans leur dédain pour tout examen attentif des phénomènes magnétiques. J'ai trouvé souvent fort mauvaises les raisons qu'ils donnaient pour se dispenser de cet examen. Mais je n'ai pas trouvé au-

tre chose, et, en somme, je n'ai pas
de conviction motivée à faire valoir en faveur du magnétisme, sous
les diverses formes qu'il a prises
pour devenir un objet de commerce ou d'amusement, et bien
moins depuis que les tables s'effor-
cent de tourner que du temps où
on ne leur demandait rien de semblable.

Cependant il y a un magnétisme
dans l'être humain, comme il y a une
fascination exercée par certains animaux sur d'autres espèces d'animaux
pour les attirer et les soumettre. Les
grands orateurs, les grands artistes,
même des personnes vulgaires douées
d'une volonté tenace et irréfléchie,

l'exercent souvent sur certains de leurs semblables dont les tendances extatiques se prêtent particulièrement à la subir; mais cette fascination est loin d'être absolue et irrésistible : elle échoue complétement sur un grand nombre de sujets, au moment même où elle en domine exclusivement quelques-uns. Et si elle agit, de la part d'un homme supérieur, sur le grand nombre, elle s'arrête toujours devant quelques individus récalcitrants.

C'est donc une puissance limitée, et qui pour se développer a besoin du consentement d'autrui. Aucun homme ne vient au monde avec la faculté absolue de dominer

11.

son semblable. Dieu, qui ne lui en
a pas donné le droit, lui en refuse
le pouvoir. Il y a seulement, dans
le plus ou moins d'ascendant que
nous pouvons prendre les uns sur
les autres, une intention providen-
tielle de réserver l'autorité morale
à ceux qui en sont dignes.

Il y a aussi, dans la surexcita-
tion des passions comprimées, ou
dans la force soutenue des grandes
affections, peut-être aussi dans la
contention des fortes intelligences,
des faits de divination magnétique
que le cœur et l'esprit ne se refu-
sent pas à admettre, tandis qu'ils
repoussent avec dégoût les révéla-

tions des jongleurs et la prescience
des sibylles de carrefour.

Enfin, je crois sérieusement à des
*influences*. Je ne sais pas qualifier
autrement certaines dispositions sou-
daines où nous placent, à notre
insu, peut-être à l'insu d'elles-mêmes, certaines personnes que nous
aimons ou qui nous déplaisent à
première vue. Que ce soit une impression reçue dans une existence
antérieure dont nous avons perdu
le souvenir, ou réellement un fluide
qui émane d'elles, il est certain que
la rencontre de ces personnes nous
est bienfaisante ou nuisible. Je ne
crois pas que ces préventions soient
imaginaires dans leurs causes,

n'ayant jamais vu qu'elles le fussent dans leurs effets. Je ne parle
pas des préventions légères, fantasques ou préconçues. On fait fort
bien de vaincre celles-là dès qu'on
les sent mal fondées; mais il en
est de bien sérieuses auxquelles on
ne donne pas assez d'attention, et
qu'on se repent toujours d'avoir
repoussées lorsqu'on avait la liberté
d'agir.

Si c'est une superstition, j'ai celle-
là, je l'avoue, et j'ai fait l'expérience d'aimer toute ma vie les
gens que j'ai aimés en les voyant
pour la première fois. Il en fut
ainsi de David Richard, que je n'ai
pas vu depuis plus de dix ans, et

de mon pauvre Gaubert, que je ne
verrai plus que dans une autre vie.
Les voir était pour moi un véritable bien-être moral, que je res-
sentais, même d'une façon matérielle,
dans l'aisance de ma respiration,
comme s'ils eussent apporté autour
de moi une atmosphère plus pure
que celle dont j'étais nourrie à
l'habitude. Ne plus les voir n'a presque rien ôté au bien-être intellectuel
que m'apporte leur souvenir et au
rassérénement qui se fait dans ma
pensée quand je m'imagine conver-
ser avec eux.

C'est qu'il y a des âmes, je ne
dirai pas faites les unes pour les
autres, trop de dissemblances dans

leurs facultés leur commandent de
ne pas se jeter aveuglément dans
le même chemin; mais des âmes
qui se conviennent par quelque
point essentiel et dominant. Gaubert me disait, dans sa langue
phrénologique, que nous nous te-
nions par les protubéranees de
l'affectionnivité et de la vénération.
Soit! Quand ces âmes se rencon-
trent, elles se devinent et s'accep-
tent mutuellement sans hésiter, elles
se saluent comme de vieilles con-
naissances; elles n'ont rien à se ré-
véler de nouveau, et pourtant elles
se délectent dans l'entretien l'une
de l'autre, comme si elles se re-
trouvaient après une longue sépa-
ration.

La femme admirable et infortunée dont j'ai parlé dans les pages précédentes demandait au ciel des saints et des anges sur la terre. Je me souviens de lui avoir dit souvent qu'il y en avait, mais que nous n'avions pas toujours le sens divin qui les fait reconnaître sous l'humble forme et parfois sous le pauvre habit qui les déguisent. Nous avons de l'imagination, nous cherchons le prestige. La beauté, le charme, l'esprit, la grâce nous enivrent, et nous courons après de trompeurs météores sans nous douter que les vrais saints sont plus souvent cachés dans la foule que placés sur le piédestal. Et puis, quand nous avons suivi ces belles

lumières qui attirent comme les
feux follets, elles s'éteignent tout à
coup, et avec elles l'enthousiasme
qu'elles nous inspiraient. Ces er-
reurs-là s'appellent quelquefois passions. Les vrais saints ne fanatisent
pas ainsi. Ils n'inspirent que des
sentiments doux et angéliques comme
eux-mêmes. Ils sont trop modestes
pour vouloir entraîner ou éblouir.
Ils ne troublent pas le cerveau,
ils ne tourmentent pas le cœur. Ils
sourient et bénissent. Heureux l'instinct qui les découvre et le jugement qui les apprécie!

Des saints et des anges! Et pourquoi ne voulons-nous pas comprendre que ces beaux êtres fantasti-

ques sont déjà de ce monde à
l'état latent, comme le papillon
splendide dans sa pauvre larve?
Ils n'ont ni rayons de feu ni ailes
d'or pour se distinguer des autres
hommes. Ils n'ont pas même toujours les beaux yeux profonds et
lumineux qui éclairaient la figure
pâle de mon bon Gaubert. Ils
ne sont ni remarqués ni admirés
dans le monde. Ils ne brillent nulle
part, ni sur des chevaux rapides,
ni aux avant-scène des théâtres, ni
dans les salons, ni dans les acadé-
mies, ni dans le forum, ni dans
les cénacles. S'ils eussent vécu sous
Tibère, ils n'eussent brillé qu'aux
arènes, en qualité de martyrs,
comme tant d'autres fidèles servi-

teurs de Dieu, dont on n'eût jamais
entendu parler si l'occasion d'un
grand acte de foi ne se fût ren-
contrée pour envoyer aux archives
du ciel les noms sacrés de ces
victimes obscures, la splendeur de
ces vertus ignorées.

Des saints et des anges! Oui, à
mes yeux, Gaubert était un saint
et Richard un ange : celui-ci pai-
sible et nageant sans trouble et
sans effroi dans son rayonnement
intérieur; celui-là, plus agité, plus
impatient, exhalant de brûlantes
indignations contre la folie ou la
perversité qu'il comprenait d'autant
moins qu'il les étudiait davantage.

Gaubert m'inspirait une tendresse
véritable, parce qu'il l'éprouvait
pour moi. Quoiqu'il n'eût qu'une
dizaine d'années de plus que moi,
sa tête chauve, ses joues creuses,
sa débile santé et, plus que tout
cela, l'austérité naïve de sa vie et
de ses idées, le vieillissaient de
vingt ans à mes yeux et à ceux de
ses autres amis. C'était le type du
vertueux et tendre père, sévère et
absolu dans ses théories, indulgent
jusqu'à la *gâterie* dans la pratique
des affections. J'ai pleuré sa mort,
non pas seulement par respect et
par attendrissement, mais par
égoïsme de cœur. Il nous avait
pourtant dit cent fois à tous qu'il
ne fallait pas pleurer les morts

chéris, mais bien plutôt remercier Dieu de les avoir appelés à lui, et pousser le dévouement au delà de la tombe, jusqu'à se réjouir de les savoir en possession de leur récompense. Il avait raison, mais les entrailles ne raisonnent pas, et si je l'ai amèrement regretté, c'est sa faute. Il s'était rendu trop nécessaire à moi. Je voyais en lui un refuge contre tous les découragements et toutes les langueurs de la volonté, une loi vivante du devoir avec les suavités de la prédication enthousiate, et ces douceurs de la sollicitude paternelle qui pénètrent et consolent. Les saints farouches et ascétiques frappent l'imagination ou éveillent l'orgueil qu'on appelle

émulation. Ils n'agissent donc que
sur de nobles orgueilleux de leur
trempe. Les saints doux et tendres
attirent davantage, et, pour mon
compte, je n'aime que ceux-ci.

J'aurai à reparler de Gaubert et
du bon frère qui lui a survécu,
dans la suite de mon histoire. Il
me reste à dire, à propos de
Richard et du magnétisme, une
particularité que je ne prétends
pas expliquer.

Je suis un sujet très-rebelle, je
crois, à l'influence magnétique di-
recte. Je ne sais si l'on pourrait
m'endormir. On ne me ferait pas
rêver pour cela, je pense. Et quand

je rêverais tout haut, cela ne prou-
verait pas plus que de la part de
ceux qui prophétisent au hasard et
dont le hasard justifie les prédic-
tions. Les passes magnétiques m'ir-
ritent les nerfs et m'impatientent.
Bref, je ne crois pas plus au fluide
qui du creux de la main de l'un
se communique au cerveau d'un
autre qu'à celui qui du bout des
doigts va chercher l'âme d'une
table ou d'un chapeau.

Mais l'influence extraordinaire que
la seule présence d'une personne
sympathique ou antipathique peut
exercer sur le système nerveux, je
l'ai éprouvée et suis forcée d'y
croire. L'antipathie peut même n'être

que physique et rester inexplicable.
Je l'ai ressentie dans les violentes
migraines dont j'ai été si longtemps
affectée. La seule rencontre de certaines personnes que je ne haïssais
pas pour cela, et qui ne me cau-
saient même nul ennui, m'amenait
instantanément une crise ou un re-
doublement insupportable, et quand
ces affreuses douleurs m'ont reprise
tout à coup en les revoyant, à l'insu
de ma mémoire, et de mon imagination par conséquent, j'ai été forcée de croire que le fluide y était
pour quelque chose.

Le seul fluide curatif que j'aie
rencontré est celui de Richard.
Trois ou quatre fois la migraine

XVIII.                              12

ou les douleurs du foie m'ont quittée au bout de quelques instants de
sa présence, et même à sa seule
apparition dans la chambre où je
me trouvais. Ce ne fut point du
tout l'affaire de sa volonté, ni celle
de mon imagination. L'imagination,
quoi qu'on en dise, n'agit pas à l'insu
d'elle-même dans les têtes lucides.

Je laisse ce fait pour ce qu'il est;
mais je reste persuadée que certains individus peuvent agir sur certains autres par autre chose que le
sentiment, l'imagination ou les sens.
Je dis donc que c'est par le fluide,
puisque c'est un mot consacré. Je
crois qu'on peut toujours combattre
l'excès de cette influence si elle est

mauvaise, mais qu'on ne doit pas la nier légèrement et sans examen. Elle ne paraît mystérieuse que parce qu'elle n'a pas trouvé une explication nette et claire.

Je m'excuserai d'avoir insisté sur un fait puéril qui m'est tout personnel, en concluant ainsi : — Il est facile de passer à travers les préoccupations du monde et du temps où l'on existe, en rejetant brusquement ce qui choque les instincts, ou en acceptant, avec une précipitation aveugle, ce qui les flatte. Moi, qui crois devoir rendre compte, le plus impartialement possible, non pas de tout ce qui a été discuté autour de moi (je n'ai pas

12.

la connaissance suffisante), mais de
l'impression que j'en ai reçue, je
n'ai pas voulu parler du mystère
électro-magnétique avec une complète irrévérence, et sans apporter
mon petit fait d'expérience personnelle à l'appui de ce qu'il peut ou
de ce qu'il doit y avoir de sérieux
dans l'objet de cette recherche.

Au reste, je n'attache pas à mon
opinion plus d'importance qu'elle
n'en mérite. Si j'en dois compte au
public, c'est surtout parce que dans
divers ouvrages j'ai permis à ma
fantaisie de s'égarer dans un monde
qui était de son domaine et dont
la peinture ne tire pas à consé-
quence dans les romans. Je dois

faire bon marché du merveilleux
que je me suis assimilé dans l'occasion sans scrupule. Les romans
ont ce bon côté d'être une sorte
d'histoire libre de ce qui se passe,
à un moment donné, de dramatique ou de riant, de poétique ou
de sérieux dans les cervelles humaines. L'historien est forcé de tout
juger. Le conteur est plus libre et
peut subir, sans remords, les influences passagères de son imagination; il sait qu'elles ne peuvent
égarer personne dans une fiction, et
que si on les examine plus tard
à un point de vue historique, on
y trouve toujours cette sorte d'enseignement qui consiste à apprécier
le plus ou moins d'intensité des

émotions que son époque lui a
communiquées en les ressentant elle-
même. Le second volume de *Wil-
hem Meister*, qui semble ne plus
se passer dans le monde de la réalité, est très-intéressant à étudier,
comme révélation du monde d'aperçus nouveaux que Goëthe, person-
nifiant alors l'Allemagne pensante
ou rêveuse, portait en lui-même;
ceci soit dit sans impertinente com-
paraison entre Goëthe et l'écrivain
de ces humbles pages.

Quant à des conclusions *con-
cluantes* sur le goût du merveilleux
que le magnétisme a introduit dans
le monde, nous n'y sommes pas
encore, et il faudra du temps à la

science pour les prononcer avec
fruit. Ne dût-il rester de ces débats que certains ouvrages, ou la
place qu'ils ont prise dans certains
ouvrages, ils auront servi à sou-
lever une foule de questions d'un
intérêt réel et à exercer l'esprit humain aux luttes du progrès.

Pour mon compte, après m'être
tourmentée quelque temps de ces
problèmes, je suis arrivée à comprendre qu'il n'y avait pas grande
honte à ne pouvoir pas les trancher. Chaque siècle a les siens, et
ce n'est pas en philosophie et en
politique que l'on rencontre les
moindres. Chaque siècle est donc
arrêté en sa route par des ques-

tions ardues dans tous les genres,
et ceux qui se hâtent de les résoudre regrettent souvent, sur leurs
vieux jours, de s'être prononcés
prématurément, en se voyant dé-
mentis par des certitudes acquises,
ou tout au moins par des probabi-
lités très-graves. On a le travers de
ne jamais oser dire : *Je ne sais pas.*
On craint de passer pour ignorant
ou paresseux. On peut bien n'être
ni l'un ni l'autre, et sentir que
l'on n'est pas plus fort que son
époque.

Il est vrai que, si l'on avouait
naïvement tout ce que l'on ne sait
pas, on ne parlerait guère et on
écrirait encore moins.

Ce qui m'est resté, quant à moi, de tout ce que j'ai entendu dire sur certains sujets très-spécieux, c'est que les gens de cœur et d'intelligence qui cherchaient sincèrement la lumière la faisaient luire autour d'eux sur d'autres sujets plus importants. Ainsi Richard, en étudiant la boîte osseuse du crâne humain, arrivait à éclairer l'esprit humain des lueurs de sa douce raison et de sa charité fervente. Gaubert, en me promenant à travers les catacombes pendant des journées entières, me parlait de la vie et de la mort en métaphysicien convaincu et en vrai philosophe.

# CHAPITRE SIXIÈME.

Sainte-Beuve. — Luigi Calamatta. — Gustave Planche.
— Charles Didier. — Pourquoi je ne parle pas de certains autres.

Je ne crois pas interrompre l'ordre de mon récit en consacrant encore quelques pages à mes amis. Le monde de sentiments et d'idées où ces amis me firent pénétrer est une partie essentielle de ma véritable histoire, celle de mon déve-

loppement moral et intellectuel.
J'ai la conviction profonde que je
dois aux autres tout ce que j'ai ac-
quis et gardé d'un peu bon dans
l'âme. Je suis venue sur la terre
avec le goût et le besoin du vrai;
mais je n'étais pas une assez puis-
sante organisation pour me passer
d'une éducation conforme à mes
instincts, ou pour la trouver toute
faite dans les livres. Ma sensibilité
avait besoin surtout d'être réglée.
Elle ne le fut guère : les amis
éclairés, les sages conseils vinrent
un peu trop tard, et quand le feu
avait trop longtemps couvé sous la
cendre pour être étouffé facilement. Mais cette sensibilité douloureuse fut souvent calmée et tou-

jours consolée par des affections
sages et bienfaisantes.

Mon esprit, à demi cultivé, était
à certains égards une table rase,
à d'autres égards une sorte de
chaos. L'habitude que j'ai d'écouter,
et qui est une grâce d'état, me mit
à même de recevoir de tous ceux
qui m'entourèrent une certaine
somme de clarté et beaucoup de
sujets de réflexion. Parmi ceux-là,
des hommes supérieurs me firent
faire assez vite de grands pas, et
d'autres hommes, d'une portée moins
saisissante, quelques-uns même qui
paraissaient ordinaires, mais qui ne
furent jamais tels à mes yeux, m'ai-
dèrent puissamment à me tirer du

labyrinthe d'incertitudes où ma
contemplation s'était longtemps en-
dormie.

Parmi les hommes d'un talent apprécié, M. de Sainte-Beuve, par les
abondantes et précieuses ressources
de sa conversation, me fut très-sa-
lutaire, en même temps que son
amitié, un peu susceptible, un peu
capricieuse, mais toujours précieuse
à retrouver, me donna quelquefois
la force qui me manquait vis-à-vis
de moi-même. Il m'a affligé profondément par des aversions et des
attaques acerbes contre des personnes que j'admirais et que je res-
pectais; mais je n'avais ni le droit
ni le pouvoir de modifier ses opi-

pions et d'enchaîner ses vivacités
de discussion; et comme, vis-à-vis
de moi, il fut toujours généreux et
affectueux (on m'a dit qu'il ne l'a-
vait pas toujours été en paroles,
mais je ne le crois plus); comme
d'ailleurs il m'avait été secourable
avec sollicitude et délicatesse dans
certaines détresses de mon âme et
de mon esprit, je regarde comme
un devoir de le compter parmi
mes éducateurs et bienfaiteurs intel-
lectuels.

Sa manière littéraire ne m'a
pourtant pas servi de type, et dans
des moments où ma pensée éprouvait le besoin d'une expression plus
hardie, sa forme délicate et adroite

m'a paru plus propre à m'empêtrer
qu'à me dégager. Mais quand les
heures de fièvre sont passées, on
revient à cette forme un peu *van-
lotée*, comme on revient à Vanloo
lui-même, pour en reconnaître la
vraie force et la vraie beauté à
travers le caprice de l'individualité
et le cachet de l'école; sous ces
mièvreries souriantes de la recherche, il y a, quand même, le génie
du maître. Comme poëte et comme
critique, Sainte-Beuve est un maître
aussi. Sa pensée est souvent com-
plexe, ce qui la rend un peu obs-
cure au premier abord; mais les
choses qui ont une conscience réelle
valent qu'on les relise, et la clarté
est vive au fond de cette apparente

obscurité. Le défaut de cet écrivain
est un excès de qualités. Il sait
tant, il comprend si bien, il voit et
devine tant de choses, son goût
est si abondant et son objet le sai-
sit par tant de côtés à la fois, que
la langue doit lui paraître insuffi-
sante et le cadre toujours trop
étroit pour le tableau.

A mes yeux, il était dominé par
une contradiction nuisible, je ne
dirai pas à son talent, il a bien
prouvé que son talent n'en a pas
souffert, mais à son propre bonheur. J'entends par ce mot de
bonheur, non pas une rencontre ou
une réunion de faits qu'il n'est au
pouvoir d'aucun homme de faire

13.

surgir et de gouverner, mais une
certaine source de foi et de sérénité intérieure qui, pour être in-
termittente et souvent troublée par
le contact des choses extérieures,
n'en est pas moins intarissable au
fond de l'âme. Le seul bonheur que
Dieu nous ait accordé et dont on
puisse oser, sans folie, lui demander la continuation, c'est de sentir
qu'au milieu des accidents et des
catastrophes de la vie commune,
on est en possession de certaines
joies intimes et pures qui sont bien
l'idéal de celui qui les savoure.
Dans l'art comme dans la philosophie, dans l'amour comme dans
l'amitié, dans toutes ces choses abs-
traites dont les événements ne peu-

vent nous ôter le sentiment ou le
rêve, l'âge ou l'expérience préma-
turée nous apportent ce bienfait de
nous mettre d'accord, un jour ou
l'autre, avec nous-mêmes.

Probablement ce jour est venu
pour Sainte-Beuve; mais je l'ai vu
longtemps aussi tourmenté que je
l'étais alors, quoiqu'il eût infini-
ment plus de science, de raison et
de force défensive contre la douleur. Il enseignait la sagesse avec
une éloquence convaincante, et il
portait cependant en lui le trouble
des âmes généreuses inassouvies.

Il me semblait alors qu'il voulait
résoudre le problème de la raison

en le compliquant. Il voyait le
bonheur dans l'absence d'illusions
et d'entraînement; et puis, tout aussitôt, il voyait l'ennui, le dégoût et
le spleen dans l'exercice de la logique pure. Il éprouvait le besoin
des grandes émotions; il convenait
que s'y soustraire par crainte du
désenchantement est un métier de
dupe, puisque les petites émotions
inévitables nous tuent en détail;
mais il voulait gouverner et raison-
ner les passions en les subissant. Il
voulait qu'on pardonnât aux illusions de ne pouvoir pas être complètes, oubliant, ce me semble, que
si elles ne sont pas complètes, elles
ne sont pas du tout, et que les
amis, les amants, les philosophes

qui voient quelque chose à par-
donner à leur idéal ne sont déjà
plus en possession de la foi, mais
qu'ils sont tout simplement dans
l'exercice de la vertu et de la sagesse.

*Croire ou aimer par devoir* m'a
toujours révoltée comme un para-
doxe. On peut agir dans le fait
comme si on croyait ou comme si
on aimait : voilà, en certains cas,
le devoir. Mais du moment qu'on
ne croit plus à l'idée ou qu'on
n'aime plus l'*être*, c'est le devoir
seul que l'on suit et que l'on aime.

Sainte-Beuve avait bien trop d'esprit pour se poser de la sorte une
prescription impossible; mais quand

il arrivait à philosopher sur la pratique de la vie, je ne sais si je me
trompais, mais je croyais le voir
tourner dans ce cercle infranchis-
sable.

En résumé, trop de cœur pour
son esprit et trop d'esprit pour son
cœur, voilà comment je m'expliquai
cette nature éminente, et, sans oser
affirmer aujourd'hui que je l'aie
bien comprise, je m'imagine toujours que ce résumé est la clef de
ce que son talent offre d'original et
de mystérieux. Peut-être que si ce
talent se fût laissé être faible, mal-
adroit et fatigué à ses heures, il
aurait pris des revanches d'autant
plus éclatantes; mais il n'a pas

consenti à être inégal, et il s'est
maintenu excellent. Ceux qui ont
entrevu dans un artiste quelque
chose de plus ému et de plus pé-
nétrant que ce qu'il a consenti à
exprimer dans son œuvre générale
se permettent quelque regret. Ils
ont eu pour cet artiste plus d'ambition qu'il ne s'en est permis à
lui-même. Mais le public n'est pas
obligé de savoir que les œuvres
qui le charment et l'instruisent ne
sont souvent que le débordement
d'un vase qui a retenu le plus précieux de sa liqueur. C'est d'ailleurs
un peu notre histoire à tous. L'âme
renferme toujours le plus pur de
ses trésors comme un fonds de
réserve qu'elle doit rendre à Dieu

seul, et que les épanchements des
tendresses intimes font seuls pres-
sentir. On est même effrayé quand
le génie réussit à se produire tout
entier sous une forme arrêtée; on
craint qu'il ne se soit épuisé dans
cet effort suprême, car l'impuissance
de se manifester complétement est
un bienfait du ciel envers l'humaine
faiblesse, et si l'on pouvait exprimer l'aspiration infinie, elle cesse-
rait peut-être aussitôt d'exister.

Le hasard d'un portrait que Bu-
loz fit graver pour mettre en tête
d'une de mes éditions me fit connaître Calamatta, graveur habile et
déjà estimé, qui vivait pauvrement
et dignement avec un autre graveur

italien, Mercuri, à qui l'on doit, entre autres, la précieuse petite gravure des *Moissonneurs* de Léopold Robert. Ces deux artistes étaient liés par une noble et fraternelle amitié. Je ne fis que voir et saluer Mercuri, dont le caractère timide ne pouvait guère se communiquer à ma propre timidité. Calamatta, plus Italien dans ses manières, c'est-à-dire plus confiant et plus expansif, me fut vite sympathique, et peu à peu notre mutuelle amitié s'établit pour toute la vie.

J'ai rencontré en vérité peu d'amis aussi fidèles, aussi délicats dans leur sollicitude et aussi soutenus

dans l'agréable et saine durée des
relations. Quand on peut dire d'un
homme qu'il est un ami *sûr*, on dit
de lui une grande chose, car il est
rare de ne rencontrer chez une
personne aimable et enjouée aucune
légèreté, et chez une personne sé-
rieuse aucune pédanterie. Calamatta,
aimable compagnon dans le rire et
dans le mouvement de la vie d'artiste, est un esprit sérieux, recueilli
et juste que l'on trouve toujours
dans une bonne et sage voie d'appréciation des choses de sentiment.
Beaucoup de caractères charmants
comme le sien inspirent la confiance, mais peu la méritent et la
justifient comme lui.

La gravure est un art sérieux
en même temps qu'un métier dur
et assujettissant, où le procédé, ennemi de l'inspiration, peut s'appeler réellement le génie de la patience. Le graveur doit être habile
artisan avant de songer à être artiste. Certes, la partie du métier
est immense aussi dans la peinture, et dans la peinture murale
particulièrement elle se complique
de difficultés formidables. Mais les
émotions de la création libre, du
génie, qui ne relève que de lui-
même, sont si puissantes, que le
peintre a des jouissances infinies.
Le graveur n'en connaît que de
craintives, car ses joies sont trou-
blées justement par l'appréhension

de se laisser prendre à l'envie de
devenir créateur lui-même.

J'ai entendu discuter beaucoup
cette question-ci, à savoir : si le
graveur doit être artiste comme
Édelink et Bervic ou comme Marc-
Antoine et Audran : c'est-à-dire s'il
doit copier fidèlement les qualités
et les défauts de son modèle, ou
s'il doit copier librement en donnant essor à son propre génie; en
un mot, si la gravure doit être
l'exacte reproduction ou l'ingénieuse
interprétation de l'œuvre des maîtres.

Je ne me pique de trancher aucune question difficile, surtout en

dehors de mon métier à moi; mais
il me semble que celle-ci est la
même qu'on peut appliquer à la
traduction des livres étrangers. Pour
ma part, si j'étais chargée de ce
soin et qu'il me fût permis de choi-
sir, je ne choisirais que des chefs-
d'œuvre, et je me plairais à les
rendre le plus servilement possible,
parce que les défauts des maîtres
sont encore aimables ou respectables. Au contraire, si j'étais forcée
de traduire un ouvrage utile, mais
obscur et mal écrit, je serais tentée
de l'écrire de mon mieux, afin de
le rendre aussi clair que possible;
mais il est bien probable que l'auteur vivant me saurait très-mauvais
gré du service que je lui aurais

rendu, car il est dans la nature
des talents incomplets de préférer
leurs défauts à leurs qualités.

Ce malheur d'avoir trop bien fait
doit arriver aux graveurs qui inter-
prètent, et il n'y a peut-être qu'un
peintre de génie qui puisse par-
donner à son copiste d'avoir eu
plus de talent que lui.

Cependant, si l'on admettait en
principe que tout graveur est libre
d'arranger à sa guise l'œuvre qu'il
reproduit, et pour peu que la
mode encourageât cette licence, où
s'arrêterait-on, et où serait le caractère utile et sérieux de cet art,
dont le premier but est non-seule-

ment de répandre et de populari-
ser l'œuvre de la peinture, mais
encore de conserver intacte à la
postérité la pensée des maîtres, à
travers le temps et les événements
qui détruisent les originaux?

Il faut que chaque science, chaque art, chaque métier même ait
sa doctrine. Rien n'existe sans une
pensée dominante où le travail se
rattache, où la volonté se maintient
consciencieuse. Dans les époques de
décadence où chacun fait à sa guise,
sans respect pour rien ni personne,
les arts déclinent et périssent.

La gravure est donc un état de
sujétion et de dépendance qu'il se-

rait imprudent de vouloir affran-
chir de ses entraves naturelles. Sans
doute, l'homme intelligent qui accepte, en vue des besoins de son
existence, la tâche de reproduire
une œuvre médiocre, doit être vivement tenté de corriger sur sa
planche les défauts du modèle, de
modifier un effet triste ou pauvre
pour le rendre puissant ou piquant,
d'accentuer un dessin mou et froid,
d'adoucir un dessin brutal, d'idéaliser une expression vulgaire, d'en-
noblir un sentiment trivial ; mais
l'artiste qu'il interprétera ainsi aura
le droit de s'opposer à cette traduction libre, et, s'il a tort en fait,
il aura toujours raison en théorie,
car, au lieu d'un traducteur intelli-

gent, il peut s'en trouver dix qui
ne le soient pas, et qui gâtent en
croyant améliorer.

D'ailleurs, le public est là qui
demande l'œuvre qu'il connaît et la
pensée qu'il a jugée. Depuis l'artiste curieux qui veut étudier le
moindre détail, jusqu'à l'historien
qui réclame l'expression d'une époque dans toutes les productions que
cette époque a laissées, le consom-
mateur intelligent de cette publi-
cation exige une traduction fidèle
et littérale.

C'est donc un peu tant pis pour
les graveurs très-artistes. Toute leur
science, en tant que graveurs, doit

14.

consister à chercher des procédés
pour rendre agréablement et clairement les procédés de la peinture;
mais s'ils veulent inventer, on est
en droit de leur dire (et quelquefois c'est grand dommage) : « In-
ventez pour vous-mêmes et par
vous-mêmes, comme ont fait certains maîtres à la fois peintres et
graveurs, qui ont répandu par la
gravure leurs propres idées. »

Remarquons pourtant que ces
maîtres (Rembrandt, par exemple)
n'ont jamais ou presque jamais
gravé leurs tableaux, et que c'est
toujours ou presque toujours sur
des dessins *ad hoc* qu'ils ont travaillé en qualité de graveurs. Ils

ont donc entrevu et rencontré devant cette traduction une difficulté
immense, insurmontable peut-être
pour le génie créateur, et ils ont
dû laisser à des graveurs proprement dits, c'est-à-dire à des hommes qui avaient consacré la moitié
de leur vie à l'étude des procédés,
le soin de répandre leurs œuvres
capitales.

Calamatta, après avoir soulevé et
retourné ces considérations dans sa
pensée, se renferma dans une idée
où il trouva au moins une certitude absolue : c'est qu'il faut savoir
très-bien dessiner pour savoir bien
copier, et que qui ne le sait pas
ne comprend pas ce qu'il voit et ne

peut pas le rendre, quelque effort
d'attention et de volonté qu'il y
apporte. Il fit donc des études sérieuses en s'essayant à dessiner des
portraits d'après nature, en même
temps qu'il poursuivait ces travaux
de burin qui prennent des années.
Calamatta a travaillé sept ans de
suite au *Vœu de Louis XIII* de
M. Ingres.

On lui doit quelques portraits
remarquables qu'il a répandus par
la gravure après les avoir dessinés
lui-même, entre autres celui de
M. Lamennais, dont la ressemblance
est fidèle et dont l'expression est
saisissante.

Mais le talent vraiment supérieur
de Calamatta est dans la copie pas-
sionnément minutieuse et consciencieuse des maîtres anciens. Il a consacré le meilleur de sa volonté à
reproduire la *Joconde* de Léonard
de Vinci, dont il termine la gravure peut-être au moment où
j'écris, et dont le dessin m'a paru
un chef-d'œuvre. Ce type, réputé si
difficile à reproduire, cette figure
de femme d'une beauté si mystérieuse, même pour ses contemporains, et que le peintre estima
miraculeuse à saisir dans son expression, méritait de rester à jamais
dans les arts. Le fugitif sourire de
la Joconde, ce rayonnement divin
d'une émotion inconnue, un grand

génie a su le fixer sur la toile, ar-
rachant ainsi à l'empire de la mort
un éclair de cette vie exquise qui fait
la beauté exquise ; mais le temps
détruit les belles toiles aussi fatalement (quoique plus tardivement)
qu'il ne détruit les beaux corps.
La gravure conserve et immortalise.
Un jour elle seule restera pour
attester que les maîtres et les femmes ont vécu, et tandis que les os-
sements des générations ne seront
plus que poussière, la triomphante
Joconde sourira encore, de son vrai
et intraduisible sourire, à de jeunes
cœurs amoureux d'elle.

Parmi ceux de mes amis qui
m'ont enseigné par l'exemple sou-

tenu (la meilleure des leçons) qu'il
faut étudier, chercher et vouloir
toujours aimer le travail plus que
soi-même, et n'avoir pour but dans
la vie que de laisser après soi le
meilleur de sa propre vie, Calamatta est aux premiers rangs, et, à
ce titre, il garde dans mon âme
une bonne part de ce respect qui
est la base essentielle de toute amitié durable.

Je dois aussi une reconnaissance
particulière, comme artiste, à M. Gustave Planche, esprit purement critique, mais d'une grande élévation.
Mélancolique par caractère et comme
rassasié en naissant du spectacle

des choses humaines, Gustave Planche n'est cependant pas un esprit
froid ni un cœur impuissant; mais
une tension contemplative, trop peu
accessible aux émotions variées et
au laisser aller de l'imprévu dans
les arts, concentra le rayonnement
de sa pensée sur un seul point
fixe. Il ne voulut longtemps admettre, comprendre et sentir le beau
que dans le grand et le sévère. Le
joli, le gracieux et l'agréable lui
devinrent antipathiques. De là une
injustice réelle dans plusieurs faits
d'appréciation qui lui fut imputée à
mauvaise humeur, à parti pris,
bien qu'aucune critique ne soit
plus intègre et plus sincère que la
sienne.

Aussi nul critique n'a soulevé
plus de colères et attiré sur lui
plus de vengeances personnelles. Il
endura le tout avec patience, pour-
suivant ses *exécutions* sous une apparente impassibilité. Mais c'était là
un rôle que sa force intérieure
n'acceptait pas réellement. Cette
hostilité, qu'il avait provoquée, le
faisait souffrir; car le fond de son
caractère est plus bienveillant que
sa plume, et si l'on y faisait bien
attention, on verrait que cette
forme cassante et absolue ne cou-
vre pas les ménagements caracté-
ristiques de la haine. Une discussion douce le ramène facilement,
ou, du moins, le ramenait alors,
des excès de sa propre logique. Il

est vrai qu'en reprenant la plume,
entraîné par je ne sais quelle fatalité de son talent, il achevait de
briser ce qu'il s'était peut-être promis de ménager.

J'aurais complétement accepté ce
caractère avec tous ses inconvénients et tous ses dangers si j'avais
trouvé juste et concluant le point
de vue où il se plaçait, en tant
que critique. La différence de mon
sentiment sur les œuvres d'art que
je défendais quelquefois contre ses
anathèmes ne m'eût pas empêchée
de regarder la sobriété et la sévé-
rité de ses appréciations comme
des effets utiles de ses convictions
raisonnées.

Mais ce que je n'approuvais pas,
et ce que j'ai approuvé de moins
en moins, même chez mes amis,
dans l'exercice de la critique en
général, c'est le ton hautain et dédaigneux, c'est la rudesse des formes, c'est, en un mot, le sentiment qui préside parfois à cet enseignement et qui en dénature le
but et l'effet. Je trouvais Planche
d'autant plus dans l'erreur sur ce
point, que son sentiment n'était
égaré par aucune personnalité mé-
chante, envieuse ou vindicative. Il
parlait de tous les vivants, au contraire, avec une grande sérénité, et
même, dans la conservation, il leur
rendait beaucoup plus de justice ou
montrait pour eux beaucoup plus

d'indulgence qu'il ne voulait en faire
paraître en écrivant. C'était donc
évidemment le résultat d'un système et d'une croyance qui pouvaient être respectables, mais dont
le résultat n'était pas bienfaisant.

Si la critique est ce qu'*elle doit
être, un enseignement,* elle doit se
montrer douce et généreuse, afin
d'être persuasive. Elle doit ménager
surtout l'amour-propre, qui, dure-
ment froissé en public, se révolte
naturellement contre cette sorte
d'insulte à la personne. On aura
beau dire que la critique est libre
et ne relève que d'elle-même : toutes
choses relèvent de Dieu, qui a fait
de la charité le premier de nos

devoirs et la plus forte de nos ar-
mes. Si les critiques qui nous jugent sont plus forts que nous (ce
qui n'arrive pas toujours), nous le
sentirons aisément à leur indulgence,
et les conseils, enveloppés de ces
explications modestes qui *prouvent*,
ont une valeur que la raillerie et
le dédain n'auront jamais.

Je ne pense pas qu'il faille céder
à la critique, même la plus aimable, quand elle ne nous persuade
pas; mais une critique élevée,
désintéressée, noble de sentiments
et de formes, doit nous être toujours utile, même quand elle nous
contredit ouvertement. Elle sou-
lève en nous-mêmes un examen

nouveau et une discussion appro-
fondie qui ne peuvent nous être
que salutaires. Elle doit donc nous
trouver reconnaissants quand son
but est bien visiblement d'instruire
le public et nous-mêmes.

C'était là certainement le but de
Gustave Planche; mais il n'en pre-
nait pas le moyen. Il blessait la
personnalité, et le public, qui
s'amuse de ces sortes de scandales,
ne les approuve pas au fond. Du
moment, d'ailleurs, qu'il aperçoit
ou croit apercevoir la passion au
fond du débat, il ne juge plus que
la passion et oublie de juger
l'œuvre qui en a soulevé les orages.

La connaissance générale, le goût
et l'intelligence des arts ne gagnent
donc rien à ces querelles, et l'in-
struction véritable que le beau
savoir et le beau style de Gustave
Planche eussent dû répandre en
a été moindre.

Il n'est pas le seul à qui ce
malheur soit arrivé. Par son caractère personnel, il l'a peut-être
moins mérité qu'un autre : par la
rudesse de son langage et la persistance de ses impitoyables conclusions, il s'y est exposé davantage.

Le reproche que je me permets
de lui adresser est bien désinté-

ressé, à coup sûr, car personne ne
m'a plus constamment soutenue et
encouragée.

En outre, j'ai une prédilection
très-grande pour les côtés élevés
et tranchés de ce jugement véritablement éclairé de haut, à plusieurs égards, en peinture et en
musique particulièrement. Je le
trouve moins juste en littérature.
Il n'a pas accepté des talents que
le public a acceptés avec raison. Il
s'est peut-être roidi, dans sa conscience austère, contre l'inintelli-
gence générale des engouements,
jusqu'à dépasser son but et à se
sentir mal disposé même pour les
succès mérités.

Quoi qu'il en soit, il a montré un grand courage moral : si grand, qu'il y en a à le dire et à défendre l'homme, son talent et sa droiture contre les inimitiés que lui a attirées le ton acerbe de sa critique.

Lui-même, dès ses premiers pas dans la carrière, a posé sa doctrine avec la rigueur d'un esprit absolu : « L'art est malade, écrivait-il en » 1831. Il faut le traiter comme » tel, le consoler et l'encourager » comme le doit faire tout habile » médecin. Il faut rapprocher en » espérance le terme de sa gué- » rison. Mais pour que le sort ne

15.

» se joue pas de nos espérances,
» il faut un régime sévère au ma-
» lade, un travail opiniâtre et une
» critique consciencieuse..... Il faut
» aider de toutes ses forces, et par
» tous les moyens qui sont à la
» disposition de l'intelligence, l'édu-
» cation du goût public..... J'ai
» voulu faire sur l'art des remar-
» ques qui pussent profiter aux
» artistes. Où est ma mission?
» Est-ce folie et vanité? Peut-être
» bien! Allez dire aux peintres et
» aux statuaires d'écrire sur les
» œuvres de leurs contemporains!
» Ils craindraient trop l'accusation
» de jalousie ou d'envie, et la perte
» inévitable de toutes leurs ami-
» tiés. »

Puis, comme si cet explorateur,
résolu à brûler ses vaisseaux, avait
la conscience de sa propre rudesse
unie à la rudesse de sa tâche, il
s'écrie, en terminant ce premier
ouvrage sur la peinture : ..... « Je
» ne puis me défendre d'une amère
» tristesse. A quoi serviront les
» milliers de paroles que, depuis
» trois mois, j'arrange et je distri-
» bue suivant la mesure de mon
» adresse, que j'essaye d'assouplir
» et de modeler sur mes pensées
» si fugitives et si souvent insaisis-
» sables, si vraies, si évidentes, si
» pleines de conviction pour moi-
» même à l'heure de leur nais-
» sance, et si souvent fausses,
» exagérées, quand elles sont des-

» cendues de mes lèvres sur le
» papier ?.....

  » Que ceux qui ont pu blâmer
» le ton leste et dédaigneux, par-
» fois amer et incisif qui règne
» dans cet ouvrage, si c'en est un,
» réfléchissent un instant et ren-
» trent en eux-mêmes. Qu'ils fouil-
» lent dans leur mémoire et qu'ils
» se demandent combien de fois,
» pour transmettre leurs pensées
» de tous les jours, pour faire
» comprendre les passions qu'ils
» avaient dans le cœur, combien
» de fois ils ont trouvé la parole
» sincère et fidèle; qu'ils osent
» compter les tours indignes qu'elle
» leur a si souvent joués, les tra-

» lisons sans nombre dont ils ont
» été victimes, et qu'ils viennent
» ensuite me reprocher le men-
» songe ou la ruse !

» Est-ce à moi qu'il faut s'en
» prendre? Est-ce ma faute si la
» vérité, à laquelle ma foi s'en-
» gage, s'altère et se mutile pour
» arriver jusqu'au lecteur? Faut-il
» me blâmer si parfois d'impé-
» rieuses nécessités me condamnent
» à dire plus ou moins que je ne
» voudrais dire, sous peine de
» n'être pas compris? »

Ces pages sont fort curieuses en
ce qu'elles semblent être la critique
du critique faite par lui-même. On

y sent une grande noblesse d'intention avec une sorte d'émotion douloureuse, une résolution vaillante et
un regret compatissant. On y voit
bien l'homme qui veut éloigner de
lui le reproche de partialité, mais
qui ne connaît guère les autres
hommes, s'il s'imagine désarmer la
vengeance en faisant appel à une
équité souveraine. Il a dû sourire
bien tristement depuis en se rap-
pelant l'heure de naïveté où il
écrivit ces pages.

Cette heure d'émotion fut complète, car voici les aveux intéres-
sants qui s'échappent encore de la
plume du plus tranchant et du
moins conciliant de tous les criti-

ques. Dur à lui-même encore plus
qu'aux autres, il s'écrie : « C'est un
» abîme (la critique sévère) qui
» s'ouvre devant vous. Parfois il
» vous prend des éblouissements et
» des vertiges. De questions en
» questions, on arrive à une ques-
» tion dernière et insoluble, le
» doute universel. Or, c'est tout
» simplement la plus douloureuse
» de toutes les pensées. Je n'en
» connais pas de plus découra-
» geante, de plus voisine du déses-
» poir..... C'est une œuvre mes-
» quine (toujours la critique) et
» qui ne mérite pas même le nom
» d'œuvre. C'est une oisiveté offi-
» cielle, un perpétuel et volontaire
» loisir; c'est la raillerie doulou-

» reuse de l'impuissance, le râle de
» la stérilité; c'est un cri d'enfer et
» d'agonie [1] . »

Tout le reste du chapitre est
aussi curieux et même de plus en
plus curieux. C'est la confession,
non pas ingénue et irréfléchie,
mais volontaire et comme désespérée, d'un jeune homme ambitieux
de produire quelque chose de
grand, qui s'agite dans le collier
de misère de la critique, acceptée
contre son gré, dans un jour d'in-
certitude ou de déouragement. « *Honte*
» *et malheur à moi,* dit-il, *si je ne*

[1] Salon de 1831, par M. Gustave Planche.
Paris, 1831.

» *puis jamais accepter ou remplir un*
» *rôle plus glorieux et plus élevé!* »

Ces plaintes étaient injustes, ce
point de vue était faux. Le rôle
de critique, bien compris, est un
rôle tout aussi grand que celui de
créateur, et de grands esprits phi-
losophiques n'ont pas fait autre
chose que la critique des idées et
des préjugés de leur temps. Cela a
bien suffi non-seulement à leur
gloire, mais encore aux progrès de
leur siècle, car toute œuvre de per-
fectionnement se compose de deux
actes également importants de la
volonté humaine, renverser et réé-
difier. On prétend que l'un est
plus malaisé que l'autre; mais si

l'on rebâtit difficilement et souvent
fort mal, ne serait-ce pas que l'on
commence toujours à fonder sur
des ruines, et que si ces ruines
servent encore de base à nos édi-
fices mal assurés, c'est que le travail de la démolition, de la critique, n'a pas été assez complet et
assez profond? D'où il résulte que
l'un est aussi rare et aussi difficile
que l'autre.

Gustave Planche, en avançant en
âge et en réfléchissant mieux, comprit sans doute qu'il s'était trompé
en méprisant sa vocation, car il la
continua, et fit bien, non pour son
bonheur, ni pour le plus grand
plaisir de ses adversaires, mais pour

le progrès de l'*éducation du goût public*, auquel il a sérieusement contribué, en dépit des défauts de sa manière et des erreurs de son propre goût. S'il a manqué souvent aux convenances de forme, aux égards dus au génie lors même qu'on le croit égaré, aux encouragements dus au talent consciencieux et patient qui n'est pas le génie, mais qui peut grandir sous une heureuse influence; si, en un mot, il a fait des victimes de son enthousiasme et de son abattement, de ses heures de puissance et de ses heures de spleen, il n'en a pas moins mêlé à ses plus amères préventions contre les individus une foule d'excellentes choses générales

dont la masse peut profiter, sauf à
en faire une application moins rigide. Il a montré, sur un très-
grand nombre de sujets et d'objets,
un goût sûr, éclairé, un sentiment
délicat ou grandiose, exprimés d'une
manière élégante, claire et toujours concise malgré l'ampleur. Sa
forme n'a que le défaut d'être un
peu trop sculpturale et uniforme.
On la croirait cherchée et apprê-
tée, tant elle est parfois pompeuse;
mais c'est une manière naturelle à
cet écrivain, qui produit avec une
grande rapidité et une grande fa-
cilité.

Il me fut très-utile, non-seulement parce qu'il me força, par ses

moqueries franches, à étudier un
peu ma langue, que j'écrivais avec
beaucoup trop de négligence, mais
encore parce que sa conversation,
peu variée mais très-substantielle et
d'une clarté remarquable, m'instrui-
sit d'une quantité de choses que
j'avais à apprendre pour entrer dans
mon petit progrès relatif.

Après quelques mois de relations
très-douces et très-intéressantes pour
moi, j'ai cessé de le voir pour des
raisons personnelles qui ne doivent
rien faire préjuger contre son caractère privé, dont je n'ai jamais
eu qu'à me louer, en ce qui me
concerne.

Mais, puisque je raconte ma propre histoire, il faut bien que je
dise que son intimité avait pour
moi de graves inconvénients. Elle
m'entourait d'inimitiés et d'amertu-
mes violentes. Il n'est pas possible
d'avoir pour ami un critique aussi
*austère* (je me sers, sans raillerie
aucune, du mot qu'il s'appliquait
volontiers à lui-même) sans être
réputée solidaire de ses aversions et
de ses condamnations. Déjà Dela-
touche n'avait pas voulu se prêter
à un raccommodement avec lui, et
s'était brouillé avec moi à cause de
lui. Tous ceux que Planche avait
blessés, par des écrits ou des paroles, me faisaient un crime de le
mettre chez moi en leur présence,

et j'étais menacée d'un isolement
complet par l'abandon d'amis plus
anciens que lui, que je ne devais
pas sacrifier, disaient-ils, à un nouveau venu.

J'hésitai beaucoup. Il était malheureux par nature, et il avait
pour moi un attachement et un dévouement qui paraissaient en dehors
de sa nature. J'eusse trouvé lâche
de l'éloigner en vue des haines lit-
téraires que ses éloges m'avaient
attirées : on ne doit rien faire pour
les ennemis; mais je sentais bien
que son commerce me nuisait inté-
rieurement. Son humeur mélancolique, ses théories de dégoût
universel, son aversion pour le

laisser aller de l'esprit aux choses
faciles et agréables dans les arts,
enfin la tension de raisonnement et
la persistance d'analyse qu'il fallait
avoir quand on causait avec lui,
me jetaient, à mon tour, dans une
sorte de spleen auquel je n'étais
que trop disposée à l'époque où je
le connus. Je voyais en lui une
intelligence éminente qui s'efforçait
généreusement de me faire part de
ses conquêtes, mais qui les avait
amassées au prix de son bonheur,
et j'étais encore dans l'âge où l'on
a plus besoin de bonheur que de
savoir.

Le quereller sur la cause fatale
de sa tristesse, cause tout à fait

mystérieuse qui doit tenir à son
organisation et que je n'ai jamais
pénétrée, parce qu'il ne la pénétrait
sans doute pas lui-même, eût été
injuste et cruel; je ne voulus donc
pas entamer de ces discussions profondes qui achèvent de tuer le moral quand elles ne le sauvent pas.
Je n'étais pas d'ailleurs dans une
disposition apostolique. Je me sentais abattue et brisée moi-même,
car c'était le temps où j'écrivais
*Lélia*, évitant soigneusement de dire
à Planche le fond de mon propre
problème, tant je craignais de le
lui voir résoudre par une désespé-
rance sans appel, et ne m'entrete-
nant avec lui que de la forme et
de la poésie de mon sujet.

16.

Cela n'était pas toujours de son goût, et si l'ouvrage est défectueux, ce n'est pas la faute de son influence, mais bien, au contraire, celle de mon entêtement.

Je sentais bien, moi, tout en me débattant contre le doute religieux, que je ne pourrais sortir de cette maladie mortelle que par quelque révélation imprévue du sentiment ou de l'imagination. Aussi je sentais bien que la psychologie de Planche n'était pas applicable à ma situation intellectuelle.

J'avais même, dans ces temps-là, des éclairs de dévotion que je cachais avec le plus grand soin à

tous, et à lui particulièrement : à
tous, non! je les disais à madame
Dorval, qui seule pouvait me comprendre. Je me souviens d'être entrée plusieurs fois alors, vers le
soir, dans les églises sombres et si-
lencieuses, pour me perdre dans la
contemplation du l'idée du Christ,
et pour prier encore avec des larmes mystiques comme dans mes
jeunes années de croyance et d'exal-
tation.

Mais je ne pouvais plus méditer
sans retomber dans mes angoisses
sur la justice et la bonté divines,
en regard du mal et de la douleur
qui règnent sur la terre. Je ne me
calmais un peu qu'en rêvant à ce

que j'avais pu comprendre et re-
tenir de la *Théodicée* de Leibnitz.
C'était ma dernière ancre de salut
que Leibnitz! Je m'étais toujours
dit que le jour où je le com-
prendrais bien, je serais à l'abri de
toute défaillance de l'esprit.

Je me souviens aussi qu'un jour
Planche me demanda si je connais-
sais Leibnitz, et que je lui répondis
*non* bien vite, non pas tant par
modestie que par crainte de le lui
entendre discuter et *démolir*.

Je n'aurais pourtant pas repoussé
Planche d'autour de moi dans un
but d'intérêt personnel, même d'un
ordre si élevé et si précieux que

celui de ma sérénité intellectuelle,
sans des circonstances particulières
qu'il comprit avec une grande
loyauté de désintéressement et sans
aucun dépit d'amitié. Pourtant on
l'accusa auprès de moi de quelques
mauvaises paroles sur mon compte.
Je m'en expliquai vivement avec
lui. Il les nia sur l'honneur, et par
la suite de nombreux témoignages
m'affirmèrent la sincérité de sa
conduite à mon égard. Je n'ai plus
fait que le rencontrer. La dernière
fois, ce fut chez madame Dorval,
et je crois bien qu'il y a quelque chose comme déjà dix ans de
cela.

Je n'ai pourtant pas épuisé le

fiel que mon estime pour lui avait
amassé contre moi, car, en 1852,
à propos d'une préface où j'eus
l'impertinence de dire qu'*un critique
sérieux, M. Planche, avait seul bien
jugé Sédaine, dans ces derniers temps,*
des journalistes me firent dire que
*M. Planche, le seul critique sérieux
de l'époque, avait seul bien jugé ma
pièce.* C'était une interprétation un
peu tiraillée, on le voit; mais la
prévention n'y regarde pas de si
près. Cela donna lieu à une petite
campagne de feuilletons contre moi.
Voici l'occasion d'en faire une bien
plus brillante, car je dis encore
que Planche est un des critiques
les plus sérieux de ce temps-ci; le
plus sérieux, hélas, si l'on applique

ce mot à l'absence totale de bonheur et d'enjouement! car il est
facile de voir, à ses écrits, qu'il
n'a pas encore trouvé en ce monde
le plus petit mot pour rire.

S'il y a de sa faute dans ce con-
tinuel déplaisir, n'oublions pas que
nous disons souvent d'un malade
qui s'aigrit et se décourage : C'est sa
faute! — et qu'en disant cela, nous
sommes assez cruels, sans y prendre garde. Quand la maladie nous
empoigne, nous sommes plus in-
dulgents pour nous-mêmes et nous
trouvons légitime de crier et de
nous plaindre. Eh bien! il y a des
intelligences fatalement souffrantes
d'un certain rêve qu'elles nous pa-

raissent s'obstiner à caresser au dé-
triment de tout le reste. Que ce
rêve s'applique aux arts ou aux
sciences, au passé ou au présent, il
n'en est pas moins une idée fixe
produite par une faculté idéaliste
prononcée, et, dans l'impossibilité où
cette faculté se trouve de transiger
avec elle-même, il n'y a pas de
prise pour les conseils et les reproches du dehors.

Un autre caractère mélancolique,
un autre esprit éminent était Charles Didier. Il fut un de mes meilleurs amis, et nous nous sommes re-
froidis, séparés, perdus de vue. Je ne
sais pas comment il parle de moi

aujourd'hui; je sais seulement que
je peux parler de lui à ma guise.

Je ne dirai pas comme Montes-
quieu : « Ne nous croyez pas quand
» nous parlons l'un de l'autre; nous
» sommes brouillés. » — Je me sens
plus forte que cela, à cette heure
où je résume ma vie avec le même
calme et le même esprit de justice
que si j'étais, avec la pleine possession de ma lucidité, *in articulo
mortis.*

Je regarde donc dans le passé,
et j'y vois entre Didier et moi
quelques mois de dissentiment et
quelques mois de ressentiment. Puis,
pour ma part, de longues années
de cet oubli qui est ma seule ven-

geance des chagrins que l'on m'a
causés, avec ou sans préméditation.
Mais, en deçà de ces malentendus
et de ce parti pris, je vois cinq ou
six années d'une amitié pure et
parfaite. Je relis des lettres d'une
admirable sagesse, les conseils d'un
vrai dévouement, les consolations
d'une intelligence des plus élevées.
Et maintenant que le temps de
l'oubli est passé pour moi, maintenant que je sors de ce repos volontaire, nécessaire peut-être, de ma
mémoire, ces années bénies sont là,
devant moi, comme la seule chose
utile et bonne que j'aie à constater
et à conserver dans mon cœur.

Charles Didier était un homme

de génie, non pas sans talent, mais
d'un talent très-inférieur à son génie. Il se révélait par éclairs, mais
je ne sache pas qu'aucun de ses
ouvrages ait donné issue complète
au large fonds d'intelligence qu'il
portait en lui-même. Il m'a semblé
que son talent n'avait pas progressé
après *Rome souterraine*, qui est un
fort beau livre. Il se sentait impuissant à l'expansion littéraire complète, et il en souffrait mortellement. Sa vie était traversée d'orages
intérieurs contre la réalité desquels
son imagination n'était peut-être
pas assez vive pour réagir. La gaieté
où nous voulions quelquefois l'entraîner, et où il se laissait prendre,
lui faisait plus de mal que de

bien. Il la payait, le lendemain,
par une inquiétude ou un accable-
ment plus profonds, et ce monde
d'idéale candeur que la bonhomie
et le laisser aller de l'esprit des
autres faisaient et font encore ap-
paraître devant moi fuyait devant
lui comme une déception folle.

Je l'appelais mon ours, et même
mon ours blanc, parce que, avec
une figure encore jeune et belle, il
avait cette particularité d'une belle
chevelure blanchie longtemps avant
l'âge. C'était l'image de son âme,
dont le fond était encore plein de
vie et de force, mais dont je ne
sais quelle crise mystérieuse avait
déjà paralysé l'effusion.

Sa manière, brusquement gron-
deuse, ne fâchait aucun de nous.
On plaignait cette sorte de misan-
thropie sous laquelle persistaient des
qualités solides et des dévouements
aimables; on la respectait quand
même elle devenait chagrine et
trop facilement accusatrice. Il se
laissait ramener, et c'était un
homme d'une assez haute valeur
pour qu'on pût être fier de l'avoir
influencé quelque peu.

En politique, en religion, en
philosophie et en art, il avait des
vues toujours droites et quelquefois
si belles que, dans ses rares épanchements, on sentait la supériorité
de son être voilé à son être révélé.

Dans la pratique de la vie, il était de bon conseil, bien que son premier mouvement fût empreint d'une trop grande méfiance des hommes, des choses et de Dieu même. Cette méfiance avait le fâcheux effet de me mettre en garde contre ses avis, qui souvent eussent été meilleurs à suivre, pourtant, que ceux que je recevais de mon propre instinct.

C'était un esprit préoccupé, autant que le mien alors, de la recherche des idées sociales et religieuses. J'ignore absolument quelle conclusion il a trouvée. J'ignore même, là où je suis, s'il a publié récemment quelque ouvrage. J'ai ouï parler, il y a quelques années, d'une brochure légitimiste qu'on lui reprochait beaucoup. Je n'ai pu me la procurer alors, et aujourd'hui je ne l'ai pas encore lue. Je ne saurais croire, si cette brochure est dans le sens qu'on m'a dit, que l'expression n'ait pas trahi la pensée véritable de l'auteur, ainsi qu'il arrive souvent, même aux écrivains habiles. Mais si le point de vue de Charles Didier a changé entièrement, je saurais encore moins croire qu'il n'y ait pas chez lui une conviction désintéressée.

Je fermerai ici cette galerie de personnes amies dans le présent ou dans le passé, pour entreprendre

plus tard une nouvelle série d'appréciations, à mesure que de
nouvelles figures intéressantes m'ap-
paraîtront dans l'ordre de mes souvenirs. Ce ne sera probablement
pas un ordre complétement exact,
car il faudra qu'il se prête aux
pauses qu'il me sera possible de
faire dans la narration de ma
propre existence; mais il ne sera
pas interverti à dessein, ni d'une
manière qui entraîne ma mémoire
à de notables infidélités.

Je ne m'engage pas, je le redis
une fois de plus, à parler de toutes les personnes que j'ai connues,
même d'une manière particulière.

J'ai dit qu'à l'égard de quelques-
unes ma réserve ne devait rien
faire préjuger contre l'estime qu'elles
pouvaient mériter, et je vais dire
ici un des principaux motifs de
cette réserve.

Des personnes dont j'étais disposée à parler avec toute la con-
venance que le goût exige, avec
tout le respect dû à de hautes
facultés, ou tous les égards auxquels
a droit tout contemporain, quel
qu'il soit; des personnes enfin qui
eussent dû me connaître assez pour
être sans inquiétude m'ont témoi-
gné, ou fait exprimer par des tiers,
de vives appréhensions sur la part

17.

que je comptais leur faire dans ces
mémoires.

A ces personnes-là, je n'avais
qu'une réponse à faire, qui était de
leur promettre de ne leur assigner
aucune part, bonne ou mauvaise,
petite ou grande, dans mes souvenirs. Du moment qu'elles doutaient
de mon discernement et de mon
savoir-vivre dans un ouvrage tel
que celui-ci, je ne devais pas songer à leur donner confiance en
mon caractère d'écrivain, mais bien
à les rassurer d'une manière spon-
tanée et absolue par la promesse
de mon silence.

Aucune de celles que je viens de

dépeindre n'a fait à mon cœur la
petite injure de se préoccuper du
jugement de mon esprit. Et cependant je n'ai pas caché que quelques méprises, quelques fâcheries
ont passé entre deux ou trois
d'entre elles et moi; mais je n'ai
même pas voulu examiner et juger
ces mésintelligences passagères, où
j'ai porté, moi, et je m'en accuse,
plus de franchise que de douceur.
J'ai été d'autant mieux disposée à
repousser toute espèce de soupçon
sur le passé, qu'elles ne m'en
témoignaient aucun, à moi, sur
l'avenir.

Je crois décidément que les personnes qui se sont tourmentées de

cette opinion ont eu grand tort, et
qu'elles eussent mieux fait de se
confier à mon jugement rétro-
spectif.

# CHAPITRE SEPTIÈME.

Je reprends mon récit. — J'arrive à dire des choses fort délicates, et je les dis exprès sans délicatesse, les trouvant ainsi plus chastement dites. — Opinion de mon ami Dutheil sur le mariage. — Mon opinion sur l'amour. — Marion de Lorme. — Deux femmes de Balzac. — L'orgueil de la femme. — L'orgueil humain en général. — Les *Lettres d'un voyageur* : mon plan au début. — Comme quoi le voyageur était moi, et comme quoi il n'était pas moi. — Maladies physiques et morales agissant les unes sur les autres. —

J'ai dit précédemment qu'après mon retour d'Italie, 1834, j'avais éprouvé un grand bonheur à retrouver mes enfants, mes amis, ma maison; mais ce bonheur fut court. Mes enfants ni ma maison ne m'appartenaient, moralement parlant.

Nous n'étions pas d'accord, mon
mari et moi, sur la gouverne de
ces humbles trésors. Maurice ne
recevait pas, au collège, l'éducation
conforme à ses instincts, à ses facultés, à sa santé. Le foyer domestique subissait des influences tout à
fait anormales et dangereuses. C'était
ma faute, je l'ai dit, mais ma
faute fatalement, et sans que je
pusse trouver dans ma volonté, en-
nemie des luttes journalières et des
querelles de ménage, la force de
dominer la situation.

Un de mes amis, Dutheil, qui
eût voulu rendre possible la durée
de cette situation, me disait que je
pouvais m'en rendre maîtresse en

devenant la maîtresse de mon mari.
Cela ne pouvait me convenir en
aucune façon. Les rapprochements
sans amour sont quelque chose
d'ignoble à envisager. Une femme
qui recherche son mari dans le but
de s'emparer de sa volonté fait
quelque chose d'analogue à ce que
font les prostituées pour avoir du
pain et les courtisanes pour avoir
du luxe. Ce sont de telles réconci-
liations qui font d'un époux un
jouet méprisable et une dupe ridicule.

Dutheil, en discutant contre moi,
élevait la question autant que possible, et, bien qu'il fût souvent cyni-
que en paroles, il avait trop d'in-

telligence pour ne pas comprendre
qu'avec moi il fallait idéaliser le
but. Il invoquait donc mon amour
pour mes enfants et l'intérêt de
leur avenir.

A cette considération sacrée, je
ne pouvais opposer qu'un instinct
de répugnance, mais un instinct si
profond, si absolu, que je dus ré-
fléchir, pour me rendre compte de
la valeur que je devais lui accorder
dans ma conscience.

Une répugnance physique serait
communément acceptée comme une
excuse suffisante; je ne la trouve-
rais pas suffisante, moi. Le devoir
fait surmonter ces répugnances-là.

On touche à des plaies infectes
pour soulager un malade, même
un malade que l'on n'aime pas et
que l'on ne connaît pas.

D'ailleurs mon mari ne m'inspirait aucun dégoût instinctif, il ne
m'inspirait pas non plus d'aversion
morale. Je ne demandais qu'à l'aimer fraternellement comme je m'y
étais sentie disposée en recevant la
première offre de notre association.

Mais quand une fille chaste se
décide au mariage, elle ne sait pas
du tout en quoi consiste le mariage,
et peut prendre pour l'amour tout
ce qui n'est pas l'amour. A trente
ans, une femme ne peut plus se

faire de vagues illusions, et, pour
peu qu'elle ait de cœur et d'intelligence, elle sait le prix, je ne dis
pas de sa personne, la personne
pourrait se résigner à être humble
si elle pouvait se donner seule,
comme une chose, mais de son
être complet et indivisible.

Voilà ce que je n'aurais pu faire
comprendre à mon mari, dont les
idées étaient autres, mais ce que je
fis comprendre à Dutheil, dont le
cerveau arrivait aisément à la compréhension de ce qu'il traitait, dans
la pratique, de raffinement et de
subtilités romanesques.

« L'amour n'est pas un calcul de

pure volonté, lui disais-je. Les mariages de raison sont une erreur où l'on tombe, ou un mensonge qu'on se fait à soi-même. Nous ne sommes pas seulement corps, ou seulement esprit; nous sommes corps et esprit tout ensemble. Là où l'un de ces agents de la vie ne participe pas, il n'y a pas d'amour vrai.

» Si le corps a des fonctions dont l'âme n'a point à se mêler, comme de manger et de digérer [1], l'union de deux êtres dans l'amour peut-il s'assimiler à ces fonctions-là? La

[1] Et encore les vrais gourmands jouissent par l'imagination plus que par le sens, disent-ils.

seule pensée en est révoltante. Dieu,
qui a mis le plaisir et la volupté
dans les embrassements de toutes
les créatures, même dans ceux des
plantes, n'a-t-il pas donné le discernement à ces créatures en pro-
portion de leur degré de perfec-
tionnement dans l'échelle des êtres?
L'homme étant le plus élevé, le plus
complet de tous, n'a-t-il pas le sentiment ou le rêve de cette union
nécessaire du sens physique et du
sens intellectuel et moral, dans la
possession ou dans l'aspiration de
ses jouissances? »

Je disais là, j'espère, un lieu
commun des mieux conditionnés.
Et pourtant cette vérité incontes-

table est si peu observée dans la
pratique, que les créatures humaines s'approchent et que les enfants
des hommes naissent par milliers
sans que l'amour, le véritable
amour, ait présidé une fois sur
mille à ces actes sacrés de la reproduction.

Le genre humain se perpétue
quand même, et s'il n'y était jamais convié que par l'amour vrai,
il faudrait peut-être, pour arrêter
la dépopulation, revenir aux étran-
ges idées du maréchal de Saxe sur
le mariage. Mais il n'en est pas
moins vrai que le vœu de la Pro-
vidence, je dirai même la loi divine, est transgressé chaque fois

qu'un homme et une femme unis-
sent leurs lèvres sans unir leurs
cœurs et leurs intelligences. Si l'espèce humaine est encore si loin
du but où la beauté de ses facultés
peut aspirer, en voilà une des causes les plus générales et les plus
funestes.

On dit en riant qu'il n'est pas
si difficile de procréer : Il ne faut
que se mettre deux. — Eh bien,
non, il faut être trois : un homme,
une femme, et Dieu en eux. Si la
pensée de Dieu est étrangère à leur
extase, ils feront bien un enfant,
mais ils ne feront pas un homme.
L'homme complet ne sortira jamais
que de l'amour complet. Deux corps

peuvent s'associer pour produire
un corps, mais la pensée peut
seule donner la vie à la pensée.
Aussi que sommes-nous? Des hommes qui aspirent à être hommes,
et rien de plus jusqu'à présent; des
êtres passifs, incapables et indignes
de la liberté et de l'égalité, parce
que, pour la plupart, nous sommes nés d'un acte passif et aveugle de la volonté.

Et encore fais-je ici trop d'honneur à cet acte en l'appelant acte
de volonté. Là où le cœur et l'esprit ne se manifestent pas, il n'y
a pas de volonté véritable. L'amour
est là un acte de servage que su-
bissent deux êtres esclaves de la

18.

matière. « *Heureusement,* me répondait
Dutheil, le genre humain n'a pas
besoin de ces sublimes aspirations
pour trouver ses fonctions généra-
trices agréables et faciles; » — moi,
je disais *malheureusement.*

Et quoi qu'il en soit, ajoutais-je,
quand une créature humaine, qu'elle
soit homme ou femme, s'est élevée
à la compréhension de l'amour complet, il ne lui est plus possible, et
disons mieux, il ne lui est plus
permis de revenir sur ses pas et
de faire acte de pure animalité.
Quelle que soit l'intention, quel
que soit le but, sa conscience doit
dire non, quand même son appétit
dirait oui. Et si l'un et l'autre se

trouvent parfaitement d'accord en
toute occasion pour dire ensemble
oui ou non, comment douter de la
force religieuse de cette protestation
intérieure?

Si vous faites intervenir les considérations de pure utilité, ces in-
térêts de la famille où l'égoïsme
se pare quelquefois du nom de
morale, vous tournerez autour du
vrai sans l'entamer. Vous aurez beau
dire que vous sacrifiez, non à une
tentation de la chair, mais à un
principe de vertu, vous ne ferez
pas fléchir la loi de Dieu à ce principe purement humain. L'homme
commet à toute heure, sur la terre,
un sacrilége qu'il ne comprend pas,

et dont la divine sagesse peut l'absoudre en vue de son ignorance : mais elle n'absoudra pas de même celui qui a compris l'idéal et qui le foule aux pieds. Il n'y a pas, au pouvoir de l'homme, de raison personnelle ou sociale assez forte pour l'autoriser à transgresser une loi divine, quand cette loi a été clairement révélée à sa raison, à son sentiment, à ses sens même.

Quand Marion Delorme se livre à Laffemas, qu'elle abhorre, pour sauver la vie de son amant, la sublimité de son dévouement n'est qu'une sublimité relative. Le poëte a fort bien compris qu'une courti-

sane seule, c'est-à-dire une femme
habituée, dans le passé, à faire bon
marché d'elle-même, pouvait accepter par amour la dernière des
souillures. Mais quand Balzac, dans
la *Cousine Bette*, nous montre une
femme pure et respectable s'offrir,
en tremblant, à un ignoble séducteur pour sauver sa famille de la
ruine, il trace avec un art infini
une situation possible; mais ce n'en
est pas moins une situation odieuse,
où l'héroïne perd toutes nos sym-
pathies. Pourquoi Marion Delorme
les garde-t-elle, en dépit de son
abaissement? C'est parce qu'elle ne
comprend pas ce qu'elle fait; c'est
parce qu'elle n'a pas, comme l'é-
pouse légitime et la mère de fa-

mille, la conscience du crime qu'elle
commet.

Balzac, qui cherchait et osait
tout, a été plus loin : il nous a
montré, dans un autre roman, une
femme provoquant et séduisant son
mari qu'elle n'aime pas, pour le
préserver des piéges d'une autre
femme. Il s'est efforcé de relever la
honte de cette action, en donnant
à cette héroïne une fille dont elle
veut conserver la fortune. Ainsi,
c'est l'amour maternel surtout qui
la pousse à tromper son mari par
quelque chose de pire peut-être
qu'une infidélité, par un mensonge
de la bouche, du cœur et des sens.

Je n'ai pas caché à Balzac que cette histoire, dont il disait le fond réel, me révoltait au point de me rendre insensible au talent qu'il avait déployé en la racontant. Je la trouvais immorale sans me gêner, moi à qui l'on reprochait d'avoir fait des livres immoraux.

Et, à mesure que j'ai interrogé mon cœur, ma conscience et ma religion, je suis devenue encore plus rigide dans ma manière de voir. Non-seulement je regarde comme un péché mortel (il me plaît de me servir de ce mot qui exprime bien ma pensée, parce qu'il dit que certaines fautes tuent notre âme); je regarde comme un

péché mortel non-seulement le
mensonge des sens dans l'amour,
mais encore l'illusion que les sens
chercheraient à se faire dans les
amours incomplets. Je dis, je crois,
qu'il faut aimer avec tout son être,
ou vivre, quoi qu'il arrive, dans une
complète chasteté. Les hommes n'en
feront rien, je le sais; mais les
femmes, qui sont aidées par la pu-
deur et par l'opinion, peuvent fort
bien, quelle que soit leur situation
dans la vie, accepter cette doctrine quand elles sentent qu'elles valent la peine de l'observer.

Pour celles qui n'ont pas le
moindre orgueil, je ne saurais rien
trouver à leur dire.

Ce mot d'orgueil, dont je me suis servie beaucoup à cette époque, en écrivant, me revient maintenant avec sa véritable signification. J'oublie si parfaitement ce que j'écris, et j'ai tant de répugnance à me relire, qu'il m'a fallu recevoir, ces jours-ci, une lettre où quelqu'un se donnait la peine de me transcrire une foule d'aphorismes de ma façon, tirés des *Lettres d'un voyageur*, en m'adressant, à ce sujet, une foule de questions, pour me décider à prendre connaissance de mon livre, que j'avais fort oublié, selon ma coutume.

Je viens donc de relire les *Lettres d'un voyageur* de septembre

1834 et de janvier 1835, et j'y retrouve le plan d'un ouvrage que je
m'étais promis de continuer toute
ma vie. Je regrette beaucoup de
ne l'avoir pas fait. Voici quel était
ce plan, suivi au début de la
série, mais dont je me suis écartée
en continuant, et que je semble
avoir tout à fait perdu de vue à
la fin. Cet abandon apparent vient
surtout de ce que j'ai réuni sous le
même titre de *Lettres d'un voyageur*
diverses lettres ou séries de lettres
qui ne rentraient pas dans l'intention et dans la manière des premières.

Cette intention et cette manière
consistaient, dans ma pensée primi-

tive, à rendre compte des dispositions successives de mon esprit
d'une façon naïve et arrangée en
même temps. Je m'explique, pour
ceux qui ne se souviennent pas de
ces lettres, ou qui ne les connaissent pas, car pour qui les
connaît l'explication est inutile.

Je sentais beaucoup de choses à
dire et je voulais les dire à moi et
aux autres. Mon individualité était
en train de se faire; je la croyais
finie, bien qu'elle eût à peine com-
mencé à se dessiner à mes propres yeux, et, malgré cette lassitude qu'elle m'inspirait déjà, j'en
étais si vivement préoccupée, que
j'avais besoin de l'examiner et de

la tourmenter, pour ainsi dire,
comme un métal en fusion jeté par
moi dans un moule.

Mais comme je sentais dès lors
qu'une individualité isolée n'a pas le
droit de se déclarer sans avoir à
son service quelque bonne conclusion utile pour les autres, et que je
n'avais pas du tout cette conclusion,
je voulais généraliser mon propre
personnage en le modifiant. Moi
qui n'avais encore que trente ans et
qui n'avais guère vécu que d'une
vie intérieure; moi qui n'avais fait
que jeter un regard effrayé sur les
abîmes des passions et les problèmes de la vie; moi enfin qui
n'en étais encore qu'au vertige des

premières découvertes, je ne me
sentais réellement pas le droit de
parler de moi tout à fait réellement. Cela eût donné trop peu de
portée à mes réflexions sur les
idées générales, trop d'affirmation
à mes plaintes particulières. Il
m'était bien permis de philosopher
à ma manière sur les peines de la
vie et d'en parler comme si j'en
avais épuisé la coupe, mais non pas
de me poser, moi femme, jeune
encore, et même encore très-enfant
à beaucoup d'égards, comme un
penseur éprouvé ou comme une
victime particulière de la destinée.
Décrire mon *moi* réel eût été d'ailleurs une occupation trop froide
pour mon esprit exalté. Je créai

donc, au hasard de la plume, et, me laissant aller à toute fantaisie, un moi fantastique très-vieux, très-expérimenté et partant très-désespéré.

Ce troisième état de mon *moi* supposé, le désespoir, était le seul vrai, et je pouvais, en me laissant aller à mes idées noires, me placer dans la situation du vieil oncle, du vieux voyageur que je faisais parler. Quant au cadre où je le faisais mouvoir, je n'en pouvais trouver de meilleur que le milieu où j'existais, puisque c'était l'impression de ce milieu sur moi-même que je voulais raconter et décrire.

En un mot, je voulais faire le
propre roman de ma vie et n'en
être pas le personnage réel, mais le
personnage pensant et analysant.
Et encore, tout en étant ce personnage, je voulais étendre son
point de vue à une expérience de
malheur que je n'avais pas, que je
ne pouvais pas avoir.

Je prévis bien que la fiction
n'empêcherait pas le public de vouloir chercher et définir mon *moi*
réel à travers le masque du vieil-
lard. Il en fut ainsi pour quelques
lecteurs; et un avocat *trop intelligent*
voulut, dans mon procès en sépa-
ration, me rendre responsable, en
tant que *partie adverse*, de tout ce

que j'avais fait dire au voyageur.
Du moment que je parlais à la
première personne, cela lui suffisait pour m'accuser de tout ce dont
le pauvre voyageur s'accuse, à un
point de vue poétique et métapho-
rique. J'avais des vices, j'avais com-
mis des crimes, n'était-ce pas évi-
dent? Le voyageur, le vieil oncle,
ne présentait-il point sa vie passée
comme un abîme d'enivrements, et
sa vie présente comme un abîme
de remords? En vérité, si j'avais
pu, en moins de quatre ans, car
il n'y avait pas quatre ans que j'a-
vais quitté le bercail où la rigidité
de ma vie avait été facile à constater; si j'avais pu en si peu d'années acquérir toute l'expérience du

bien et du mal que s'attribuait mon
voyageur, je serais un être fort extraordinaire, et, en tout cas, je
n'aurais pas vécu au fond d'une
mansarde comme je l'avais fait, en-
tourée de cinq ou six personnes
d'humeur grave, ou poétique comme
la mienne.

Mais peu importe ce qui me fut
imputé comme personnel et réel
dans les *Lettres d'un oncle*, car c'est
sous ce titre que parurent d'abord
les quatrième et cinquième numéros des *Lettres d'un voyageur*, et
c'est sous ce titre que je m'étais
promis de continuer dans la même
donnée. C'eût été, je crois, un bon
livre, je ne dis pas beau, mais in-

téressant et vivant, plus utile par
conséquent que les romans où notre personnalité, à force de se dis-
séminer dans des types divers et
de s'égarer dans des situations fic-
tives, arrive à disparaître pour nous-
mêmes.

Je reviendrai sur les autres lettres de ce recueil; je ne m'occupe
ici que des deux numéros que je
viens de citer, et je dois dire que
sous cette fiction-là il y avait une
réalité bien profonde pour moi, le
dégoût de la vie. On a vu que
c'était un vieux mal chronique,
éprouvé et combattu dès ma première jeunesse, oublié et repris
comme un fâcheux compagnon de

voyage qu'on croit avoir laissé loin
derrière soi, et qui tout à coup
revient se traîner sur vos talons.
Je cherchais le secret de cette tristesse, qui ne m'avait pas quittée à
Venise et qui me reprenait plus
amère au retour, dans des faits ex-
térieurs, dans des causes immédia-
tes, et elle n'y était réellement pas.
Je dramatisais de bonne foi ces
causes, et j'en exagérais, non le
sentiment, il était poignant dans
mon cœur, mais l'importance absolue. Pour avoir été déçue dans quelques illusions, je faisais le procès
à toutes mes croyances; pour avoir
perdu le calme et la confiance de
mes pensées d'autrefois, je me per-
suadais ne pouvoir plus vivre.

La vraie cause, je la vois très-
clairement aujourd'hui. Elle était
physique et morale, comme toutes
les causes de la souffrance humaine, où l'âme n'est pas longtemps malade sans que le corps
s'en ressente, et réciproquement. Le
corps souffrait d'un commencement
d'hépatite qui s'est manifestée clairement plus tard et qui a pu être
combattue à temps. Je la combats
encore, car l'ennemi est en moi et
se fait sentir au moment où je le
crois endormi. Je crois que ce mal
est proprement le *spleen* des An-
glais, causé par un engorgement du
foie. J'en avais le germe ou la pré-
disposition sans le savoir; ma mère
l'avait et en est morte. Je dois en

mourir comme elle, et nous devons
tous mourir de quelque mal que
l'on porte en soi-même, à l'état latent, dès l'heure de sa naissance.
Toute organisation, si heureuse
qu'elle soit, est pourvue de sa cause
de destruction, soit physique et devant agir sur le système moral et
intellectuel, soit morale et devant
agir sur les fonctions de l'organisme.

Que ce soit la bile qui m'ait rendue mélancolique, ou la mélancolie
qui m'ait rendue bilieuse (ceci ré-
soudrait un grand problème méta-
physique et physiologique : je ne
m'en charge pas), il est certain que
les vives douleurs au foie ont pour

symptômes, chez tous ceux qui y
sont sujets, une tristesse profonde
et l'envie de mourir. Depuis cette
première invasion de mon mal, j'ai
eu des années heureuses, et lorsqu'il revenait me saisir, bien que je
fusse dans des conditions favorables
à l'amour de la vie, je me sentais
tout à coup prise du désir de l'é-
ternel repos.

Mais si le mal physique est falla-
cieux dans ses effets sur l'âme,
l'âme réagit, je ne dirai pas par
sa volonté immédiate, qui est souvent paralysée par ce mal même,
mais par sa disposition générale et
par ses croyances acquises. Depuis
que je n'ai plus ces doutes amers

où la pensée dangereuse du néant
arrive à être une volupté irrésistible, depuis que cet éternel repos
dont je parlais tout à l'heure m'est
démontré illusoire, depuis enfin
que je crois à une éternelle acti-
vité au delà de cette vie, la pensée
du suicide n'est plus que passagère
et facilement vaincue par la réflexion. Et quant aux noires illusions du malheur en ce monde,
produites par l'hépatite, je ne saurais plus les prendre au sérieux
comme au temps où j'ignorais que
la cause était en moi-même. Je les
subis encore, mais non pas d'une
manière aussi complète que par le
passé. Je me débats pour écarter
ces voiles qui tombent comme de

lourds orages sur l'imagination. On
est alors dans la disposition singu-
lière où nous jettent quelquefois
les songes, quand on se dit, au
milieu d'apparitions désagréables,
qu'on sait fort bien être endormi,
et que l'on s'agite dans son lit pour
se réveiller.

Quant à la cause morale indé-
pendante de la cause physique, je
l'ai dite, je la dirai encore, car
j'écris pour ceux qui souffrent
comme j'ai souffert, et je ne saurais trop m'expliquer sur ce point.

# TABLE

## DU TOME DIX-HUITIÈME.

---

## CINQUIÈME PARTIE.

### (*SUITE.*)

#### CHAPITRE QUATRIÈME.
##### (Suite.)

#### CHAPITRE CINQUIÈME.

#### CHAPITRE SIXIÈME.

### CHAPITRE SEPTIÈME.

www.ingramcontent.com/pod-product-compliance
Lightning Source LLC
Chambersburg PA
CBHW072122020726
47501CB00003B/932